Bernhard Lassahn
Das große Buch der kleinen Tiere

Bernhard Lassahn
wurde 1951 in Coswig in der ehemaligen DDR geboren.
Nachdem die Familie in den Westen übergesiedelt war, ging er in Osnabrück zur Schule.
In Marburg und Tübingen studierte Bernhard Lassahn Germanistik
und seit 1979 lebt er ausschließlich vom Schreiben. Bei den Kindern wurde er vor allem
als Autor von Käpt'n-Blaubär- und Bananenbieger-Geschichten bekannt.
www.bernhard-lassahn.de

Jacky Gleich
wurde 1964 in Darmstadt geboren und wuchs in der DDR auf.
Sie hat an der Hochschule für Film und Fernsehen in Babelsberg
und an der Kunsthochschule Dresden – Fachrichtung Animation – studiert,
für verschiedene Filmstudios in Ost- und Westberlin gearbeitet und schließlich
ihr eigenes Trickfilmstudio gegründet. Seit 1995 illustriert sie für verschiedene Verlage.
Für das Bilderbuch *Hat Opa einen Anzug an?* wurde sie 1998 mit dem
Deutschen Jugendliteraturpreis ausgezeichnet.

Bernhard Lassahn

Das große Buch der kleinen Tiere

Zwölf Gutenachtgeschichten
mit vielen Bildern von Jacky Gleich

Arena

Die Geschichte »Die Waschbären haben einen Traum« ist zuerst erschienen in
Elefanten weinen nicht, herausgegeben von Ute Blaich, Rowohlt, Reinbek, 1992

Alle anderen Geschichten sind zuerst erschienen als
Das große Buch der kleinen Tiere
im Diogenes Verlag, Zürich, 1989.

In neuer Rechtschreibung

1. Auflage 2001
© 2001 by Arena Verlag GmbH, Würzburg
Alle Rechte vorbehalten
Einband und Innenillustrationen: Jacky Gleich
Gesamtherstellung: Westermann Druck Zwickau GmbH
ISBN 3-401-05272-1

Achtung! Achtung!
Alle Maus in Deckung!
Es geht los.

So,
los geht's!
Jetzt kommen die kleinen Tiere.
Alles Tiere, die ich kenne.
Nein, nicht persönlich.
Ich hab mit denen nicht geredet, oder so.
Doch ich kenne die . . .
Gut sogar.
Die kleine süße Sau 9
fängt an,

dann kommen
Erwin, das Eichhörnchen, und die
Sieger-Nüsse 20
Klar, ein Eichhörnchen kennt jeder,
doch wer kennt Sieger-Nüsse?
Nun . . . wir werden sehn.

Danach eine
Gutenachtgeschichte am frühen Morgen,
von zwei Hasen, die über Liebe reden:
Was ist Liebe? 34
Wer weiß es?
Und wer hat schon mal Hasen gesehn?
Die machen nämlich manchmal so rum,
dass es aussieht, als würden sie sich küssen –
wirklich wahr.
Ist das Liebe?
Wer weiß?

Achtung! Achtung!
Dann kommt das Abenteuer
von Hubert, dem heldenhaften Hahn,
aber hallo!
Doch:
Da lachen ja die Hühner 44
tja . . .

Dann sind endlich die Heidschnucken dran,
die warten schon ungeduldig,
jetzt schon,
zetern und zappeln,
böllern und kabbeln.
So ist das bei denen,

Krieg und Frieden
Ich fürchte, die hören nie auf damit.

Dann
Köter
der glückliche Hund
mit seinen schönen Träumen.

Dann Igel Igor.
Der hat
Null Bock auf Familie
Wieso das denn?

Dann
sind die Gäste dran:
Die Waschbären haben einen Traum
Diese kleinen, aber starken Bären
sind zugereist.
Sie waschen, träumen – was noch?

Dann aber,
dann geht's los,
auf große Reise, Richtung Süden
mit zwei Störchen
als Doppeldecker,
genau gesagt, als:
Klapper-Doppeldecker!
Was? Wieso nicht?
Gibt's heute keine Störche mehr?
Nun – bei mir gibt es die noch . . .
Als ich selber klein war,
so klein,
wie diese Tiere sind,
da gab es noch Störche,
und da gehörten alle mit dazu.

Auch Mäuse.
Und zwar acht Mäuse.
Tollkühne Mäuse, eine mutiger als die andere,
Die wüsten Mäuse!

Und zum Schluss
eine Weihnachtsgeschichte, ganz in Weiß,
weiß, weiß, wundersam weiß,
von einem kleinen Murmeltier,
Gute Nacht, Murmeltier

Und zum allerletzten Schluss
ein paar Verse vom Vogeldichter,
Matz der Spatz
gegen den Rest des Waldes.
Mit einem Schlusswort des Raben.
Und dann ist es aus.

Ach so,
zum allerletzten Schluss
noch ein
kleines Rätsel
über große Tiere,
die sich überall verstecken.
Ihr könnt ja schon mal drauf achten.
Und dann ist aber wirklich Schluss.

So, und jetzt geht's los!
Achtung! Achtung!

Die kleine süße Sau

Das kleine Schweinekind Pascha lebte in einer anständigen Familie, doch, kann man wohl sagen. Alle waren glatt und rosa, wie es sich gehört.

Am Sonntag wühlten sie ein bisschen im Dreck, aber sonst waren sie sauber und schimmerten in sanften, hellrosa Farbtönen. Die Schweineeltern waren richtig dick und fett, und wenn sie sich bewegten, dann schleiften ihre voll gefressenen Bäuche über den Boden.

Pascha aber, das kleine Schweinekind, quicklebendig und quietschvergnügt, hopste mit Vorliebe am Zaun entlang und guckte raus aus dem Gehege, auch wenn die Schweineeltern schimpften, es solle nicht so nah an den Zaun ran, sich nicht immer kratzen und nicht so viel rausgucken.

Nein, grunzten die Schweineeltern und schaukelten ihre Bäuche, nein, das ist nichts für anständige Schweine. Sie waren nun mal anständige Schweine, allesamt, und führten ein geruhsames Leben. Regelmäßig kriegten sie Kraftfutter aus großen Tüten, die aussahen wie Zementsäcke, und mehr hatten sie nicht zu tun: fressen, fressen und dick werden.

Doch Pascha war neugierig auf die Welt auf der andern Seite vom Zaun. Manchmal sah es die Sonne hinter dem Hügel untergehen, und Pascha wäre zu gerne mal auf den Hügel raufgelaufen, nur einmal, um zu sehen, wie da die Sonne runterkommt. Pascha stellte sich nämlich vor, dass hinter dem Hügel ein großes Loch in der Erde sein müsste; ein großes Loch, in das die Sonne versinkt.

Eines Tages stand Pascha wieder am Zaun, kratzte sich heimlich und guckte raus. Gerade ging die Sonne hinter dem Hügel unter.

Pohhh, wie schön, seufzte Pascha leise, gleich verschwindet die Sonne im Loch, wie schön . . .

Und da entdeckte es plötzlich auf der andern Seite vom Zaun ein fremdes, schwarzes Schwein, wie es Pascha noch nie gesehen hatte. Es musste auch ein Schweinekind sein; denn es war ungefähr so klein wie Pascha. So hatte Pascha auch keine Angst, obwohl einem beim Anblick von so einem schwarzen, dreckigen Schwein schon ein bisschen bange werden kann.

Oh, fragte Pascha vorsichtig, was bist du denn für ein anständiges Schwein?

Wildsau! Sieht man doch! Das fremde Schwein grunzte und sabberte dabei, dass der Glibber aus der Schnauze tropfte.

Ja? Äh! Bist du denn etwa kein anständiges Schwein?, fragte Pascha ganz leise.

Wildsau!, grunzte das fremde Schwein wieder.

Und warum bist du so dreckig und matschig und borstig und haarig und struppig und klebrig?, fragte Pascha.

Weil ich eine Wildsau bin, rülpste das fremde Schwein und fügte stolz hinzu, dass es in Deutschland nur noch sehr wenige Wildschweine gebe und in der Schweiz überhaupt keine mehr. Rülps, ich gehöre zu den letzten, die es überhaupt noch gibt, rülps!

Da war Pascha sehr beeindruckt.

Die wilde Sau tut, was ihr gefällt, grunzte das kleine Wildschwein weiter, als es merkte, wie beeindruckt Pascha war.

Pohhh, kannst du denn auch ganz nah ran an die Sonne?

Klar doch, klar, immer ran an die Sonne.

Pohhh!

Willste mit, eh?, grunzte das wilde Schwein.

Was? Wie? Wohin?, schnaufte Pascha ganz verdattert.

Na, immer ran an die Sonne, du und ich, grunzte das Wildschwein, wir beide. Los! Wir sind ja schließlich alle nur arme Säue!

Nun ja, aber . . ., grunzte Pascha noch, doch da fing das Wildschwein schon an zu kratzen und zu buddeln und einen Tunnel unter dem Zaun durchzugraben. Und die Erdbrocken flogen wie wild umher.

Hör lieber auf damit, du wildes Schwein, du, schnaufte Pascha aufgeregt, äh, das darf man bestimmt nicht. Also, da muss ich erst noch mal fragen und eine Genehmigung . . .

Feigling, grunzte das kleine Wildschwein, hätt ich mir denken können, ihr seid doch alle Currywürste, weiter nichts! Und wieder sabberte der Speichel aus dem Maul. Na gut, dann frag doch. Morgen, wenn die Sonne untergeht, komme ich wieder, dann kannste mir ja sagen, ob du deine Genehmigung hast. Eine Wildsau braucht keine Genehmigung. Die wilde Sau tut, was ihr gefällt.

So. Damit raste das kleine Wildschwein auf und davon, und Pascha schaute so lange hinterher, bis das rasende Wildschwein ein so kleiner Punkt geworden war, dass man ihn in der Dämmerung nicht mehr erkennen konnte.

Pascha war noch ganz aufgeregt und erzählte gleich am Morgen seinen Eltern, dass es ein richtiges kleines Wildschwein gesehen habe . . .

Was?! Ein Wildschwein? Pfui, pfui, pfui, schimpften die Schweineeltern, pfui! Die sind schmierig und matschig, du sollst dich doch nicht dauernd am Zaun rumtreiben. Es ist nicht gut für dich, wenn du dich mit Wildschweinen triffst. Die lügen, stinken und sabbern. Ein anständiges Schwein trifft sich nicht mit Wildschweinen. Das macht man einfach nicht als anständiges Schwein. Wir haben schließlich zwei Rippen mehr.

Aber, schnaufte Pascha, das Wildschwein hat aber gesagt, wir sind ja schließlich alle nur arme Säue.

Pfui! Pfui! Pfui!, schimpften die Schweineeltern, das ist ein unanständiges Wort, das darfst du nicht in die Schnauze nehmen, so was sagt man nicht, das heißt immer noch Schwein, ja. Merk dir das. Wir sind anständige Schweine.

Da war Pascha ganz verschüchtert und fragte leise: Äh, und was ist eine Currywurst?

Die Schweineeltern waren entsetzt! Das hat dir das Wildschwein eingeredet, stimmt's? Ist doch nicht zu fassen . . .

Aber was ist denn nun eine Currywurst?, wollte Pascha noch fragen, doch die Schweineeltern schimpften nur:

Diese Wildschweine aber auch! Du darfst dich nie mehr mit Wildschweinen treffen. Das macht man einfach nicht als anständiges Schwein.

Und Pascha wollte doch fragen, ob es die Eltern erlauben, dass er sich mal das

Loch anguckt, in dem die Sonne verschwindet, wenn sie hinter dem Hügel untergeht. Aber die Schweineeltern grunzten und schimpften so, dass Pascha schon wusste, dass es gar nicht erst um Erlaubnis fragen musste – die würden es doch nie erlauben, da musste Pascha gar nicht erst fragen.

Und so fragte Pascha auch gar nicht erst.

Am Abend stand es wieder an derselben Stelle am Zaun. Die Sonne war schon fast untergegangen . . . würde das wilde Schwein tatsächlich wieder kommen? So ein wildes Schwein ist doch bestimmt nicht pünktlich . . . Pascha wurde vor Aufregung schon ganz zappelig.

Und tatsächlich! Das Wildschwein kam herbeigerast und grunzte gleich:

Na? Haste deine Genehmigung? Dabei sabberte es wieder, sabber sabber.

Da fasste Pascha sich ein Herz und behauptete einfach, dass es eine Genehmigung habe, und hauchte: Ja ja!

Dann mal los, rülpste das wilde Schwein und fing sofort an zu wühlen und zu grabbeln und hatte in kurzer Zeit einen Tunnel gegraben, durch den Pascha sich hindurchzwängte bis auf die andere Seite des Zauns. Und da freuten sich die beiden kleinen Schweine, freuten sich schweinemäßig.

Bist aber ganz schön dreckig geworden, grunzte das wilde Schwein.

Da war Pascha richtig stolz und sagte: Ach ja, wir sind ja schließlich alle nur arme Schweine, nicht wahr?

Säue sind wir, grunzte das Wildschwein. Und die beiden rasten los.

Pascha war noch nie so aufgeregt gewesen in seinem ganzen Schweineleben; es war noch nie außerhalb des Zaunes gewesen und war noch nie so viel gerannt. Und da rasten nun die beiden Schweine über die Felder, und Pascha schlug das Herz bis zum Schweinehals. Es hatte noch nie was Verbotenes getan, hatte noch nie gelogen, und noch nie war Pascha die Welt so schön erschienen. Noch nie hatte die Erde so gut geduftet, noch nie hatte Pascha solche Lust gehabt, sich einzusuhlen und einzudrecken, und immer weiter und weiter rasten die beiden, immer der Sonne entgegen.

Als sie dann oben auf dem Hügel ankamen, war die Sonne schon untergegangen. Aber wie staunte Pascha, als es vom Hügel runterguckte . . .

Pohhh, staunte es, pohhh pohhh. Das ist also das große Loch, in dem die Sonne immer verschwindet, pohhh! Und Pascha starrte auf den Autobahntunnel, A 81, Richtung Heilbronn, sechsspurig. Pohhh, das wollte ich schon immer mal gesehen haben.

Na los, Mutprobe, grunzte das wilde Schwein, und eh Pascha sich versah, raste die kleine wilde Sau quer über die Autobahn, sechsspurig. Pascha zitterten sogleich vor Angst die kleinen Schweinebeine, nur vom Zugucken, BRRRRR, wie da die großen Laster in Richtung Heilbronn donnerten. Zum Glück kam das Wildschwein gut auf der andern Seite an und grölte:

Nun du!

Nein nein, quiekte Pascha leise, nein nein . . .

Da kam das kleine Wildschwein auch schon zurückgerast, quer über die Autobahn, sechsspurig, und pustete Pascha ins Ohr: Mit Augen zu ist noch spannender!

Pohhh, staunte Pascha und zitterte immer noch ein bisschen, aber . . . gefährlich . . .

Klar, lebensgefährlich, grunzte das wilde Schwein.

Dann will ich dir auch mal was verraten, du Wildschwein, du, sagte Pascha nun und schnaufte erst mal tief durch, also weißt du, ich habe nämlich geschwindelt, in Wirklichkeit hab ich überhaupt keine Genehmigung. Aber nicht weitersagen.

Da stubste das Wildschwein Pascha freundschaftlich mit der Schnauze in die Seite: Ha, toll, du bist ja 'ne richtige Wildsau!

Da fühlte Pascha sich mächtig stolz und wurde richtig rot, nicht bloß rosa, sondern richtig rot vor Stolz.

Los, ich zeige dir noch was, grunzte das Wildschwein und sauste gleich los. Pascha hinterher. Und beide brachen in ungeheurem Tempo durch das Unterholz.

Pascha war schon ganz aus der Puste, als sie beide am Waldesrand ankamen und über eine Lichtung hinweg den Stadtrand sehen konnten: Hochhausblöcke, sozialer Wohnungsbau, mehrstöckig. Und da es so langsam dunkel wurde, waren in einigen Fenstern schon die Lichter an und von weitem sahen die Betonklötze ein winziges bisschen wie riesige Adventskalender aus.

Pohhh, staunte Pascha und schnappte nach Luft. Pohhh! Toll!

Da hausen Menschen drin, rülpste das wilde Schwein.

Unglaublich, pohhh!

Los, was fressen, das Wildschwein stubste Pascha wieder in die Seite, zu meinen Alten, los!

Als sie zu den Wildschweineltern kamen, hätte Pascha doch beinah einen Schreck gekriegt, wenn es nicht in Begleitung der neuen, wilden Schweinefreundin gewesen wäre. Diese großen, wilden Viecher! Wüste Gesellen waren das, mit Keilern und Borsten wie Stacheln – ja, richtige Ungeheuer. Das Wildschweinkind stellte Pascha seinen Eltern vor und grunzte dabei, dass Pascha ohne Genehmigung einfach ausgebrochen sei, grunz grunz, und dass sie nun aber was fressen wollten.

Ach, bist du aber eine süße rosa Sau, raunzte die Wildschweinmutter, und wieder wurde Pascha ganz rot vor Stolz. Bist du aber eine süße Sau! Ihr seid sicher hungrig. Hier der Fraß!

Ja, was für ein Schmaus! Wahre Delikatessen: Kastanien, Beeren, Knochen, Wurzeln, Kräuter und rohe Kartoffeln; leckere Sachen, die Pascha noch nie gefressen hatte – noch nicht mal dran geschnüffelt hatte; sogar eine Maus, die sie unter welken Blättern gefunden hatten, als Vorspeise. Schweine sind einfach Allesfresser.

Pascha spachelte alles in sich rein.

Was für ein Fressgelage, ein schweinemäßiges Gegrunze und Gemampfe. Die Wildschweine schmatzten, sabberten, furzten und suhlten sich voll gefressen im Dreck.

Schließlich fasste Pascha sich ein Herz und wagte eine Frage: Äh, ich möchte noch was fragen, was ist denn eigentlich eine Currywurst?

Da brüllten die Wildschweine vor Lachen und erklärten unter Gerülpse und Gekicher, dass die Hausschweine später alle zu Currywurst vermanscht würden . . .

Was? Ich auch?, fragte Pascha ängstlich.

Klar, mampfte das kleine Wildschwein, weißte, wir sind ja schließlich alle nur arme Säue.

Da lachten die großen Wildschweine wieder: Ja, das Leben ist kurz, fallera. Da muss man gut fressen und sich im Dreck suhlen, mampf mampf! Und wieder grölten sie vor Lachen.

Auch Pascha lachte vorsichtig ein bisschen mit: Ja ja, fallera, das Leben ist kurz, nicht wahr?

Nun war es aber schon spät. Vielleicht hatten Paschas Eltern schon was gemerkt . . . Auweia, die würden schimpfen und vielleicht sogar hauen. Pascha war ganz verwirrt, es wusste gar nicht, was es zuerst denken sollte: So stolz war Pascha, stolz wie noch nie, und so erschrocken zugleich – Mann, was war das nur für ein Schweineleben!

Und voll gefressen war Pascha! So, dass es schon Schwierigkeiten hatte, wieder durch den Tunnel zurückzukrabbeln:

Tschüss, und vielen Dank noch mal für alles!

Tschüss, du Sau, grunzte das Wildschwein und trollte sich in die Dunkelheit.

Bis bald mal, hauchte Pascha noch.

Uh, war es müde!

Und schlief wie ein Murmeltier und träumte wild durcheinander.

Die Schweineeltern weckten Pascha früh am Morgen und fingen sofort an zu schimpfen:

Wo warst du gestern? Wir haben uns solche Sorgen gemacht! Ein anständiges Schwein verlässt das Gehege nicht! Du hast dich bestimmt wieder mit wilden Schweinen getroffen und hast dich auch wieder gekratzt! Das sieht man! Draußen ist es viel zu gefährlich für dich! Die Menschen schießen einen sofort ab, wenn man da einfach so rumläuft. Und nichts da draußen darf man essen, nichts! Alles vergiftet. Du darfst nur das Kraftfutter aus der Tüte essen, sonst nichts, und, und, und . . .

So schimpften die Schweineeltern, aber Pascha verpetzte nichts, verriet keinem, wie gut die Kastanien geschmeckt hatten und dass es eine neue, wilde Freundin getroffen hatte.

Zum Glück wurde Pascha auch nicht weiter ausgefragt; denn an diesem Morgen war große Aufregung am Zaun. Viele Menschen waren gekommen: Bauarbeiter mit gelben Jacken und in Gummistiefeln, der Bauer selbst und seine Kinder, die sauer waren, weil sie mithelfen mussten den neuen Zaun aufzurichten. Die Menschen sahen sich den Tunnel an, schimpften und fluchten: »Schöne Bescherung!«

Den ganzen Tag lang wurden große Betonpfähle eingerammt, Draht wurde gespannt. Pascha musste den neuen Zaun nur von weitem angucken, um zu wissen, dass sich da die wilde, neue Freundin nicht mehr durchbuddeln konnte.

Pascha blieb in der Mitte des Geheges, wie es sich für ein anständiges Schwein gehört, und guckte sich vorsichtig die großen Männer an, wie sie gefährlich mit Spaten und Spitzhacke rumfuchtelten, große Zementsäcke und Drahtrollen schleppten. Klar hatten sie auch einen Kasten Bier dabei, der langsam leer wurde. Manchmal redeten die Männer so laut, dass Pascha die Worte hören konnte, natürlich ohne zu verstehen, was sie bedeuteten:

»Bedingung moderner Schweineaufzucht . . .«

»Weißt du, wie man 'ne Bierflasche mit 'ner Axt aufmacht?«

»Fließbandanlage zur Futterzuteilung . . .«

»Man muss halt modernisieren.«

». . . noch ein Schlückle?«

». . . ökonomisch . . .«

Pascha wartete auf den Sonnenuntergang, darauf, dass die Sonne hinter dem Hügel im Loch verschwinden würde. Es ist ja auch immer wieder schön, wie die Sonne so untergeht und wie der Tag sachte ausgeblendet wird. Doch dieser Tag ging nur langsam zu Ende. Zwei der Männer, die beim Setzen der Pfähle mit anfassten, trafen schon Verabredungen zum Essen.

»Macht Hunger, so 'ne Schufterei«, sagte der eine, »ich kenne da ein Spezialitätenrestaurant, ganz in der Nähe, haste Lust?«

»Klaro«, sagte der andere.

»Da gibt's Wild«, sagte der erste wieder, »frisch aus dem Wald. Die haben sogar Wildschwein auf der Speisekarte, Wildschwein Obelix für zwei Personen, hm, echt lecker, sag ich dir . . .«

Pascha konnte das alles nicht begreifen.

Es staunte wieder, wie die Sonne unterging – Pohhh! Schön! Pohhh! – und musste an das große Loch denken, in dem die Sonne verschwinden konnte – da war ich, dachte Pascha, genau da! Und immer wieder musste es daran denken, wie das Wildschwein gesagt hatte: Du bist ja 'ne richtige kleine Wildsau.

Da war Pascha stolz: Pohhh, 'ne richtige keine Wildsau . . . und so wie der Sonnenuntergang die Landschaft in friedlich rotes Licht tauchte, so war auch Pascha ganz rot vor Stolz, richtig rot – nicht rosa, sondern rot!

Sieger-Nüsse

Erwin war vielleicht ein bisschen dünner und stiller als andere Eichhörnchen, aber genauso flink und geschickt. Er wohnte in einem hohlen Baumstamm, so wie andere Eichhörnchen auch. Und doch war Erwin nicht so wie die andern: Er sammelte nämlich Briefmarken.

Nun? Wie kommt ein Eichhörnchen überhaupt an Briefmarken ran?

Kein Problem. Am Stadtrand, nicht weit vom Baumstamm, in dem Erwin wohnte, war ein Briefkasten: Da konnte er durch den Schlitz reinschlüpfen und – ran an die Marken!

Nun, genau gesagt, sammelte Erwin nur Stücke von Briefmarken. Nur so viel, wie er abpulen konnte. Und das tat er nun mal für sein Leben gern: pulen, knibbeln und rubbeln. Mit seinen Krallen oder seinen Knabberzähnchen – da kratzte er von den Briefen runter, was ihm gefiel, einmal eine halbe Olympiamarke mit Zuschlag.

Und wenn dann am Morgen in einem fernen Teil der Erde jemand einen Brief bekam, tja, dann wunderte der sich vielleicht, dass eine beschädigte Marke draufklebte; er konnte ja nicht wissen, wie alles zusammenhing – dass Erwin den Brief inzwischen angeknabbert hatte.

Der trug vielleicht gerade ein neues Sammlerstück in seine Höhle, putzte es mit dem Wuschelschwänzchen, klebte den neuen Fetzen sorgfältig mit Spucke an die Innenseite seiner Baumrinde und freute sich: wieder ein neues Stück!

Da könnt ihr euch sicher denken, wie begeistert Erwin war, als in der Nähe eine Sammelstelle für Altpapier eingerichtet wurde. Da schlüpfte er gleich in den Container, wühlte im Altpapier und fand tatsächlich Briefumschläge, sogar Postkarten und Aufkleber wie EXPRESSGUT und LUFTPOST auf Packpapier. So was sammelte Erwin auch. Das war ihm genauso lieb. Er sammelte alles, was ein bisschen nach Briefmarke aussah und sich abpulen ließ.

Die Stücke wurden auch nicht nach Ländern geordnet; nein, einfach so, wie es ihm gefiel.

Also, man muss schon sagen, dass Erwin nicht so ein Sammler war wie – na ja, wie ich zum Beispiel. Er hatte keinen Katalog, keine Lupe und keine Ersttagsbriefe, nicht mal ein Album . . . doch seine Sammlung war auch nicht schlecht: linke Ecken, rechte Ecken, Zacken, Zacken, Zahlen. Blaue Stücke, dunkelblaue, grüne – die grünen hatte er am liebsten. Und diese schönen kleinen Bilder! Auf einem war ein Teil von einem Elefanten zu erkennen und auf einem Bild ein halber Staatspräsident mit Brille. Erwin hatte auch ein Stück von einer Weihnachtsmarke mit richtiger Goldfarbe, ja sogar einen Fetzen von der fernen Insel Martinique, was Erwin allerdings nicht lesen konnte, außerdem fehlte hinten das ique, ja, und dann noch sieben fast gleiche Stücke aus Helvetia – nicht schlecht, nicht schlecht.

Einmal nun, bei seinen wagemutigen Erkundungsreisen, auf der Suche nach neuen Briefmarken, kam Erwin bis zum großen Supermarkt KOSMOS KAUF am Stadtrand. Da entdeckte er hinter dem Supermarkt eine Abfallhalde, wo stapelweise Markenhefte lagen, in die sparsame Hausfrauen ihre Rabattmarken eingeklebt hatten. Was für eine tolle Entdeckung! Dem Eichhörnchen waren ja Rabattmarken genauso lieb wie Briefmarken von der Post, und es gelang ihm sogar, einige Rabattmarken im Viererblock abzulösen.

So war Erwin sehr mit seiner Sammlung beschäftigt, so sehr, dass er gar nicht dazu kam, sich einen Vorrat Nüsse für den Winter anzulegen. Manchmal traf er unterwegs die anderen Eichhörnchen; ja, sie hatten sogar einen richtigen kleinen Treffpunkt, eine Waldgaststätte nämlich. Da traf nun auch Erwin seinen alten Kumpel Fritz, und der fragte ihn gleich: Na? Wie sieht's aus? Gute Nüsse gefunden?

Doch Erwin antwortete nur: Ach so, Nüsse . . . Äh, hab ich keine Zeit zu. Ich sammle nämlich Briefmarken.

Dann wurde es Winter. Schnee fiel. Die Bäume des Waldes standen kahl und traurig, als hätten sie kalte Füße. Die Eichhörnchen verkrochen sich in ihre Höhlen, Erwin auch. Alle ernährten sich von ihren angesammelten Nüssen, Erwin nicht. Er hatte keine Vorräte. Er sah sich seine schöne Sammlung an und wurde langsam hungrig.

Da hatte er eine Idee. Er gab bekannt, dass eine einmalige Sammlung seltener Briefmarken für alle Eichhörnchen öffentlich zu besichtigen sei.

Eintritt 1 Nuss.

Da waren die Eichhörnchen aber neugierig. Das hatte der Wald noch nicht gesehen. Alle kamen sie, aus der ganzen Umgebung, guckten die Sammlung an, staunten und brachten eine Nuss mit.
Erwin führte stolz seine Briefmarken vor – und hatte in diesem Winter reichlich was zu knabbern.

Sobald dann der Winter endlich vorbei war, sprang er los, schlüpfte in den Briefkasten, in den Altpapiercontainer und wagte sich wieder zu den voll geklebten Rabattmarkenheften. Er sammelte jetzt mit noch größerer Begeisterung und die Sammlung in seinem Baumstamm wurde mehr als verdoppelt.

Wieder wurde es Winter. Wieder fiel Schnee. Wieder hatte unser Erwin keine Zeit gehabt, sich um Vorräte zu kümmern. Und wieder machte er seine Ankündigung:

Einmalige Briefmarkensammlung!
Jetzt enorm vergrößert!
Zu besichtigen!
Eintritt 1½ Nuss!

Und wieder wartete Erwin auf die Besucher aus der ganzen Umgebung, die im letzten Winter so neugierig seine Sammlung bestaunt hatten.

In diesem Winter aber kam keiner: nur die Nachbarhörnchen und Fritz, sein Kumpel. Die ja. Die kamen mal vorbei. Sonst keiner. Und dem armen Erwin knurrte der Magen.
Was war denn los?
Nichts Besonderes. Aber die Eichhörnchen hatten die Sammlung schon mal gesehen und waren nicht so interessiert an Briefmarken. Man musste Nüsse sparen und selber sehen, wie man durch den Winter kam. Mühsam nährt

sich das Eichhörnchen. Na ja, beim ersten Mal, da waren alle neugierig gewesen, wie es Eichhörnchen eben sind, aber jetzt im zweiten Winter blieb Erwin fast allein mit seiner Sammlung, hungerte und wurde noch dünner, als er sowieso schon war.

Nun habe ich ja schon gesagt, dass es am Stadtrand den Supermarkt KOSMOS KAUF, kurz KOKAU gab, und da war ein gewisser Herr Müller-Hirsch Abteilungsleiter für den Bereich Lebensmittel und Süßwaren. Und dieser Herr machte schon seine Pläne für die kommende Fußballweltmeisterschaft und hielt dazu eine kleine Ansprache vor den Frauen, die an den Registrierkassen saßen.

»Kinders«, sagte der Herr Abteilungsleiter – er sagte übrigens immer Kinders, obwohl es natürlich Frauen waren, die da an den Kassen saßen, aber er sagte immer Kinders, und in Wirklichkeit hielt er die Frauen sowieso nur für dumme Hühner – er war schon ein bisschen großkotzig, der Herr Abteilungsleiter, müsst ihr wissen.

Also: »Kinders«, sagte er, »Fußballweltmeisterschaft, wisst ihr, was das für den KOSMOS KAUF heißt?«

»Nö! Was soll's schon heißen?«, rätselten die Frauen und tippten in die Registrierkassen, dass es immer PIP PIP PIP machte. »Da werden die Leute Tag und Nacht vor der Mattscheibe sitzen, Fußball gucken und keine Zeit mehr haben, einzukaufen . . .«

»Ach, Kinders, ihr habt keine Ahnung«, trumpfte Herr Müller-Hirsch auf, »wenn Fußballweltmeisterschaft ist, verkaufen wir noch mehr als sonst.«

»Bei uns gibt's aber keine Fußbälle«, wollte eine der Frauen sagen, doch der Herr Abteilungsleiter fuhr ihr sofort über den Mund:

»Quatsch! Keine Fußbälle! Kinders, wir verkaufen Knabberware, Rusti-Krustis und Knacki-Pappis. Die sind die absoluten Renner, dazu Salzstangen und Erdnüsse. Immer, wenn Fußball im Fernsehen läuft, immer, wenn es spannend wird, greift der Kunde zu Rusti-Krustis und Knacki-Pappis. Und bei Fußballweltmeisterschaften steigt der Umsatz von Knabberware, diese Zusammenhänge hat die Marktforschung ganz klar erwiesen, so ist das. Und da werden wir voll einsteigen, jawohl, Kinders. Hier an den Kassen werden große Grabbelkisten aufgebaut. Da muss der Kunde bloß noch zugreifen. Erdnüsse, sage ich, Erdnüsse, Erdnüsse, Erdnüsse!«

»Aber wenn die deutsche Mannschaft gleich in der ersten Runde ausscheidet?«, fragte eine Verkäuferin dazwischen.

»Oh, Kinders!«, stöhnte Herr Müller-Hirsch, »keinen blassen Schimmer von Fußball, also wirklich! Die deutsche Mannschaft ist Weltklasse. Die Jungs kommen in die Endrunde, ach, was sag ich: Die Jungs gewinnen! Ich hab mir dazu einen Werbegag ausgedacht, da werdet ihr staunen, Kinders.«

Ja, da staunten die Frauen tatsächlich.

»Wir werden Erdnusstüten anbieten, Sonderangebot. Vorne sind unsere Spieler abgebildet, zum Sammeln, auch die Reservespieler, ich hab an alles gedacht. Und hinten ist ganz groß der Pokal drauf. Golddruck! Ist nicht billig, weiß ich, aber man muss auch was reinstecken, wenn man was verdienen will, und das Geld kommt lässig wieder rein, sag ich, lässig. Das Ganze nennt sich Sieger-Nüsse und wird der bedingungslose Verkaufsschlager. Sieger-Nüsse! Die deutsche Mannschaft gewinnt, wir verkaufen die Sieger-Nüsse mit Gewinn und ich werde befördert. Da staunt ihr, Kinders, was?«

Ja ja, da staunten die Frauen nicht schlecht! Was der Herr Abteilungsleiter auch wieder für Ideen hatte, und PIP PIP PIP machten die Registrierkassen.

»Der Sieg der deutschen Mannschaft wird auch mein persönlicher Sieg!«, frohlockte Herr Müller-Hirsch und freute sich schon auf seine Karriere. »Für diese Idee werde ich befördert. Der kluge Mann baut vor, nicht wahr, Kinders, der kluge Mann baut vor.«

Und wie ging es inzwischen Erwin, dem Eichhörnchen?
Schlecht.
Er war ganz abgemagert, richtig dünn geworden. Es war ein verdammt harter Winter. Erwin hockte hungrig in seiner Höhle und wartete ungeduldig auf den Frühling und auf neue Briefmarken.
Kaum war der Schnee geschmolzen, stürzte er wieder los, schlüpfte in den Briefkasten und pulte frische Marken ab. Ja, einmal musste – an einem ganz anderen Ende der Erde – jemand Nachporto bezahlen, weil auf seinem Brief eine Marke fehlte, aber der Mann konnte ja nicht ahnen, wieso.

Und Erwin wühlte wieder im Altpapiercontainer, knibbelte und rubbelte weiter und löste sorgfältig eine ganze Reihe Rabattmarken aus den Heften von der Abfallhalde hinter KOKAU; einer Gegend übrigens, in die sich sonst kaum andere Eichhörnchen trauten. Aber Erwin kümmerte sich nicht darum, was die andern Eichhörnchen meinten. Es war auch nicht sehr enttäuscht, dass die andern kein so großes Interesse an seiner Sammlung hatten. Egal. Er mochte seine Briefmarken.

Doch der Winter wurde noch härter. Eisregen, Frost und Schneewehen. Nur die Eichhörnchen aus der Nachbarschaft kamen kurz vorbei. Auch Fritz, sein alter Kumpel, ließ sich mal blicken und brachte eine Nuss mit – das war alles. Und Erwin hatte extra alle Stücke noch mal mit seinem Wuschelschwanz abgebürstet. Und nun hockte er hungrig auf seinen Marken.
Da kam Fritz noch mal zu Besuch und sagte: Erwin, hör mal, man sieht dich ja gar nicht mehr bei unserem Treffpunkt . . .
Ach, stöhnte Erwin nur, die Briefmarken, die Briefmarken!
Ja ja, sagte Fritz, aber ich muss dir mal was sagen, Erwin, du weißt, ich bin dein alter Freund, aber so geht das einfach nicht weiter. Hier, nimm erst mal 'ne Nuss, und hör in Ruhe zu: Du kannst uns doch nicht verhungern. Wie soll ich das sagen . . .? Weißt du, die Eichhörnchen aus der Nachbarschaft . . . also, die sind nur gekommen, um dir wenigstens mal 'ne Nuss zu bringen, nicht wegen der Briefmarken . . .
Hm, vielen Dank, sagte Erwin, nahm schnell die Nuss und mümmelte mit vollen Backen, gute Marken werden auch immer seltener, heutzutage wird viel zu viel automatisch abgestempelt.
Ja ja, ich weiß, sagte Fritz, ich bin doch dein Freund, aber wir können dich nicht durchfüttern, du musst dir selber Vorräte anlegen, wirklich. Und verrate keinem . . . wegen der Nachbarhörnchen, du weißt schon, dass die nur gekommen sind, dir 'ne Nuss zu bringen – das darfst du eigentlich nicht wissen.
Erwin nickte nur betrübt. Ja ja. Wohl wahr. Aber was sollte er denn machen? Wenn er sich mit seinen Briefmarken beschäftigte, hatte er nun mal keine Zeit, sich um Vorräte zu kümmern. Auch das noch. Zum Sammeln braucht

man Geduld und Spucke, vor allem Geduld, für Briefmarken muss man sich Zeit nehmen.

Gerade wo die Sammlung so schön geworden ist, schön wie nie, dachte Erwin und mümmelte bedrückt weiter, schön wie nie . . .

Fritz legte seinem alten Freund die Eichhörnchenpfote auf die Schulter: Morgen bring ich dir noch eine Nuss vorbei. Und denk dran, was ich dir gesagt hab, ja?

Erwin nickte: Danke, Freund.

Jetzt war es so weit. Der Winter war vergangen. Vor den Registrierkassen im KOKAU standen die Grabbeltische, voll bepackt, als würden sie überquellen. Genau wie der pfiffige Abteilungsleiter geplant hatte: die Sieger-Nüsse türmten sich vor den Kassen, und kopfschüttelnd tippten die Frauen, PIP PIP PIP, die Geldbeträge ein, wenn die Kunden vor dem Vorrundenspiel, Deutschland gegen Simbabwe, noch schnell eine Tüte Erdnüsse kauften, Rusti-Krustis oder Knacki-Pappis.

In einem ganz anderen Teil der Erde wurde das Fußballspiel angepfiffen. Kameras standen rund um das Spielfeld, und das große Ereignis wurde über Satellit in die ganze Welt übertragen.

Nun erleben wir gerade – live! – die letzte Spielminute. Der Reporter ist ganz außer Atem, findet kaum die richtigen Worte:

». . . es ist unglaublich, meine Damen und Herren drüben in Deutschland an den Bildschirmen: Die Sensation ist perfekt: Simbabwe führt mit vier zu null, und es bleibt noch eine Minute Spielzeit. Ich hatte zwar ein Abseits gesehen, aber der Schiedsrichter hat auch das vierte Tor gegeben. Einige unserer Spieler liegen schon auf dem Boden und trommeln mit den Fäusten auf den Rasen, eine allzu verständliche Reaktion, wie ich finde. Die Stimmung hier im ausverkauften Stadion ist unbeschreiblich. Das Publikum, das sich nicht immer ganz fair verhalten hat, tobt, es jubelt dieser jungen Mannschaft aus Afrika zu, die es mit viel Glück, das muss an dieser Stelle ausdrücklich gesagt werden, mit viel Glück geschafft hat, die hoch favorisierte Elf aus Deutschland . . . äh, ähem, in die Knie zu zwingen. Die Spieler aus Simbabwe zeigen sich im Augenblick sehr undiszipliniert, auch das muss mal gesagt werden, sie tanzen über den Platz, sie singen, umarmen sich, hier müsste der Schiedsrichter endlich eingreifen, denn noch, meine Damen und Herren, noch ist der Schlusspfiff nicht . . . äh, gepfiffen. Ja, bei allem Verständnis für diese temperamentvolle, junge Mannschaft, hier drückt offensichtlich der Schiedsrichter aus Rumänien wieder mal ein Auge zu. Und doch: Es muss auch offen zugegeben werden, dass unsere Mannschaft Schwächen zeigte, sie hat den Ball zu lange in den eigenen Reihen gehalten, und so, meine Damen und Herren, werden nun mal keine Tore geschossen, und das ist es doch, was schließlich . . . äh, ähem, zählt. Auch hat die Mannschaft den Gegner sicher unterschätzt, hat hier mit einem sicheren Sieg gerechnet, ein Fehler, über den noch rückhaltslos gesprochen werden muss. Aber auch die Klimaverhältnisse sind sehr ungünstig für unsere Elf, ein klarer

Vorteil, wie ich finde, für Simbabwe . . . Die Leitung ist auch so schlecht, höre ich, ja, technisch klappt hier noch nicht alles, ich hoffe, Sie können mich dennoch verstehen, drüben in Deutschland an den Bildschirmen . . . Ja, meine Damen und Herren, ich erfahre gerade, dass der Trainer zu keinem Interview bereit ist. Der Schlusspfiff müsste in jeder Sekunde . . . Da ist der Schlusspfiff, es ist auch der Schlusspfiff für unsere Mannschaft, die nun wieder abreisen wird. Und damit gebe ich zurück an die Sendezentrale . . . Hallo, Sendezentrale, hören Sie mich? Hallo? Hier klappt aber auch gar nichts. Hallo, Sendezentrale?«

Noch am selben Abend klingelte beim Abteilungsleiter das Telefon, und der Chef von KOKAU war persönlich am Apparat und sehr verärgert:
»Herr Müller-Hirsch«, schnaubte er in den Hörer, »haben Sie das Fußballspiel soeben verfolgt?«
»Nun ja«, druckste der Abteilungsleiter, »Schiedsrichterfehlentscheidung würde ich sagen . . .«
»So! Und diese Idee mit den Sieger-Nüssen? War wohl auch 'ne Fehlentscheidung, was? Die können wir doch wegschmeißen! Ab auf die Halde!«
»Nun ja . . .«
»Ist doch peinlich. Mit diesem Pokal da hinten drauf. Weg damit!«
»Nun ja . . .«
»Und mit Ihrer Beförderung . . .«
»Ja? Ja?«
»Können Sie vorläufig vergessen.«
»Nun ja . . .«
Aber da hatte der Chef auch schon aufgelegt.
Oh, da ärgerte sich Herr Müller-Hirsch persönlich. Nicht nur weil die deutsche Mannschaft verloren hatte und die Sieger-Nüsse nun auf die Halde sollten, sondern vor allem weil er sich vorstellte, wie die Frauen an den Registrierkassen ihn auslachen würden.
So ging er am nächsten Morgen ganz früh in den Laden, warf die Nüsse auf die Halde, räumte die Grabbeltische weg und meldete sich krank.

Erwin war wieder unterwegs. Abgemagert, ausgehungert, noch stiller und kleiner, als er sowieso schon war. Immer musste er an die Worte seines alten Freundes Fritz denken und daran, dass die Eichhörnchen der Nachbarschaft ihn mit durchgefüttert hatten. Eigentlich müsste ich mich um Vorräte kümmern, dachte er, aber . . .

Müde und schlapp machte sich Erwin auf die Suche nach neuen Briefmarken; er knibbelte, pulte, rubbelte und kratzte mit letzter Kraft, schlüpfte in den Briefkasten, mümmelte müde an einer Postkarte aus Suomi Finland rum, stöberte im Altpapiercontainer und suchte wieder das Lager für Rabattmarken auf.

Da machte Erwin eine Entdeckung, die ihm den Atem verschlug: die ganze Halde voll von Erdnusspackungen, alle mit dem Aufdruck SIEGER-Nüsse. Meine Güte! War das eine Menge. Davon konnte man sich hundert Jahre ernähren. Erwin konnte es gar nicht fassen. Er tanzte vor Freude immer rund um die Abfallhalde. Dann schleppte er, so viel er schleppen konnte, in seine Höhle, richtete noch ein Reservelager ein und machte wieder eine Ankündigung:

Neueröffnung der Briefmarkengalerie!
Alle Eichhörnchen der Umgebung eingeladen!
Freie Verpflegung für alle Gäste!
Spezialität: Nuss-Buffet!

Da war vielleicht was los. Das hatte der Wald nun wirklich noch nie gesehen. Alle kamen sie aus der ganzen Umgebung, kamen herbeigewetzt, staunten und staunten.

Was für eine Sammlung! So schöne Stücke! Und so viel Mühe! Wunderbar, mümmelten die Gäste, wunderbar!

Oh, und die Nüsse, wie die schmecken! Hmm! Ungewöhnlich, aber könnt ich mich dran gewöhnen, hmm. Und alle kauten sie vergnügt die SIEGER-Nüsse.

Exquisit gewürzt, die Nüsse, doch doch, muss man sagen, mampften die Gäste, wo haste die bloß her?

Nun ja, sagte Erwin, wenn man Briefmarken sammelt, kommt man eben ganz schön rum in der Welt, und . . .

Doch doch, lecker, mümmelten die Gäste, und alle freuten sich.

Hier, Fritz, nimm noch welche mit nach Hause, sagte Erwin und steckte seinem alten Kumpel noch ein paar SIEGER-Nüsse zu, du bist doch mein Freund, nimm ruhig, ich hab genug davon.

Danke danke, sagte Fritz und kaute, und ich muss dir sagen, dass mir deine Briefmarken schon immer sehr gut gefallen haben.

Ja, hier, guck dir das an, sagte Erwin und führte noch mal seine sieben fast gleichen Stücke aus Helvetia vor, ist das nicht immer wieder toll, diese Zacken!

Und alle Eichhörnchen staunten mit vollem Mund. So eine Sammlung hatten sie noch nie gesehen. Und so einen glücklichen Erwin auch noch nicht.

Es war vielleicht der schönste Tag für alle Eichhörnchen.

Nur ganz weit weg, in einem anderen Teil der Erde, da ärgerte sich wieder ein Mann, weil auf dem Brief, den er gerade gekriegt hatte, eine Ecke von der Briefmarke fehlte.

Aber er konnte natürlich nicht ahnen, wie die Dinge zusammenhängen . . .

 # Was ist Liebe?

Allerdings ist das jetzt eine Liebesgeschichte. Wollt ihr die trotzdem hören? Wisst ihr überhaupt, wie das so ist mit der Liebe?

Jan, der Hase, nämlich, von der linken Seite der Eisenbahnlinie, weiß das nicht so genau, obwohl er gerade verliebt ist, und zwar bis über beide Ohren, und wenn ihr euch vorstellt, was Hasen für Ohren haben – solche Dinger! –, dann könnt ihr euch ja denken . . .

Na ja, jedenfalls ist er ganz schön verknallt.

Es ist auch eine Gutenachtgeschichte. Man muss nur wissen, dass Hasen tagsüber schlafen, also eine Gutenmorgengeschichte. Sie handelt davon, was sich verliebte Hasen erzählen, wenn sie morgens zusammen einschlafen. Es passiert auch nicht viel in der Geschichte. Klar. Wenn man verliebt ist, möchte man am liebsten, dass die Zeit stillsteht.

Also.

Jan Hase ist über beide Ohren verliebt – hab ich ja schon gesagt –, und zwar in Mollie von der rechten Seite der Eisenbahnlinie. Und Mollie ist auch verliebt in Jan, und alles könnte so schön sein.

Könnte!

Die beiden treffen sich, so oft es geht, beschnuppern sich und schlafen zusammen ein. Es könnte wirklich wunderschön sein.

Aber so richtig schön ist es – leider – doch nicht. Da ist diese Eisenbahnlinie, die die beiden trennt, aber das ist noch gar nicht so schlimm.

Viel schlimmer ist, dass die beiden Sippen, aus denen Jan und Mollie kommen, zerstritten sind, und zwar gründlich. Die haben sich völlig auseinander gelebt.

Muss man aber auch verstehen: Die Sippe von Jan, die auf der linken Seite der Bahn wohnt, ist eine Sippe von einfachen, ehrlichen Burschen, aufrechten Hasen; sie arbeiten hart im Feld für ihr bisschen Futter und leben

ein wackeres – vielleicht etwas eintöniges – Hasenleben, wie es die Hasen schon seit eh und je getan haben. Richtig stramme Hasen, wie man sie kennt.

Die Hasen auf der anderen Seite führen ein bequemes Leben. Sie stecken sich Blumen hinter die Ohren, Osterglocken, Narzissen, binden sich Schleifchen um; und wenn Ostern ist, hoppeln sie zu den Vorgärten und Terrassen im Vorort, legen bemalte Ostereier von einem Nest ins andere, verstecken Weinbrandbohnen und lassen sich dabei fotografieren. Sie winken possierlich in die Kamera, wackeln ein bisschen mit dem Po, machen Männchen und lassen sich von kleinen Mädchen in Rüschenröckchen und Ringelsöckchen streicheln, und zum Schluss der Vorstellung schnallen sie sich eine kleine Kiepe um und sammeln Futter ein, das fürs ganze Jahr reicht. Irgendwie haben sie rausgekriegt, dass den Menschen so was gefällt, und da haben sie sich eben ein bisschen drauf eingestellt, auch wenn sie dafür tagsüber arbeiten müssen – wenn Hasen ja normalerweise schlafen.

Nun könnt ihr euch vorstellen, was die Hasen auf der linken Seite davon halten. Nichts, gar nichts. Hasenunwürdig finden sie das, einfach hasenunwürdig.
Das sind doch keine richtigen Hasen mehr da drüben, mümmeln sie bitter, die machen sich doch zum Affen, die nennen sich neuerdings sogar Bunnys, da weiß man gar nicht, wie man das aussprechen soll, das sind doch keine richtigen Hasen mehr. Denen sollte man mal die Ohren lang ziehen, die verhökern doch ihre Seele für einen gemischten Salat.

Die Bunnys denken aber auch nichts Gutes von den Hasen auf der linken Seite:
Mümmelhasen, die langsam ihre Löffel abgeben können, die kannste doch voll vergessen, diese Gruftis da drüben. So sagen die Bunnys von der rechten Seite: Man muss eben mit der Zeit gehen, sich ein bisschen anpassen, das ist eben so.

Ja, die Sippen sind stark verkracht, sie reden nicht mal mehr miteinander. Einmal wurde auf den Raps ein neues Pflanzenschutzmittel gespritzt; ein Mittel ganz ungefährlich für Menschen, aber unverträglich für Hasen, worauf die Bauern natürlich keine Rücksicht nahmen. Und da passierte es, dass die Hasen der linken Seite alle kotzen mussten, manchen fielen sogar die Haare aus, und sie verhungerten fast. Es ging ihnen hundeelend. Und doch hätte sich keiner herabgelassen bei der anderen Seite um Unterstützung zu bitten. Da könnt ihr mal sehen, wie zerstritten die Sippen sind.

Da ist es schon fast ein Wunder, dass Jan und Mollie sich überhaupt kennen lernten.

Das kam so:

Jan hatte Mollie schon oft von weitem beobachtet, und er fand sie ganz wunderbar. Also hoppelte er eines Nachts einfach über die Gleise und sagte:

Nun komm schon endlich, wir legen uns drüben in eine Kuhle und schlafen zusammen ein.

Aber da schimpfte Mollie und rümpfte ihr Näschen: Was fällt Ihnen ein, Sie Wüstling, Sie! Hinweg, husch husch!

Und Jan trollte sich.

Mollie war das nicht gewohnt. Bei den Bunnys war es üblich, dass man sich teure Geschenke reichte, Komplimente flüsterte und schmeichelhaft galante Verbeugungen machte, und dazu musste man mümmeln: Verehrteste, ich liebe Sie ja so sehr, ach . . . Davon hatte dieser Bursche wohl überhaupt keine Ahnung. Ungehobelter Kerl. Unverschämtheit.

Und doch . . . Als sie ihm hinterherschaute, wie sein flauschiges Hinterteil immer auf und ab wippte, als er so davonhoppelte, da tat es ihr fast Leid, dass sie ihn einfach hatte abblitzen lassen. Ihr gingen nämlich die Bunny-Häschen manchmal ziemlich auf die Nerven mit ihren feinen Manieren und ihrem ewigen Gegrinse.

Tja, und als dann Jan Hase noch mal kam und fragte:

Wie ist es denn nun? Kommste endlich?

Tja, da willigte sie ein und hoppelte mit ihm in eine Kuhle unter der Eisenbahnbrücke.

Da liegen sie nun. Da, in der Kuhle, da unter der kleinen Eisenbahnbrücke, gleich hinter dem Zaun, da treffen sie sich seither immer zum Einschlafen. Sie kuscheln sich zusammen und erzählen von ihren Sorgen.

Mollie klagt:

Weißt du, ihr da drüben denkt, uns wird das Futter nur so hingestellt, bitte schön, da habt ihr den Salat. Aber weißte, bei uns gibt es schon Hasen, die sich von Weinbrandbohnen ernähren und die meiste Zeit betüttelt sind. Du kannst dir gar nicht vorstellen, wie sich ein Hase manchmal überwinden muss immer nur freundlich zu lächeln. Und überhaupt! Wozu soll das gut sein? Immer diese Eier von einem Nest ins andere, nur weil es den Menschen so gefällt. Und immer in die Kamera gucken! Weißte – wenn ich dann so ein bisschen mit dem Po wackel und Männchen mache, dann denke ich dabei nur ans Fressen.

Und auch Jan Hase klagt, das Hasenleben ist ja so mühsam und die Alten sind so streng:

Immer, wenn ich mal die Ohren hängen lassen will und ausruhen, heißt es gleich: Los weiter, halt die Ohren steif, sonst gibt es was hinter die Löffel. Lasst euch bloß nicht verweichlichen wie die Bunnys auf der andern Seite! Das Leben ist anstrengend, als ginge es immer nur bergauf. Deshalb haben wir Hasen auch so lange Hinterbeine, als müssten wir ständig einen Berg hoch, immer nur hoch, und kommen niemals oben an. Immer nur schuften. Immer heißt es: beim Hoppeln das Tempo verdoppeln!

RATTATTATTATTATA . . . zisch . . . schschsch . . ., zischt ein Güterzug vorbei, im Takt schlagen die Räder auf die Schienen, rattattattata, ein langer Zug mit Kühlwagen und Containern rattert und rauscht über die Brücke, unter der es sich die beiden Häschen gemütlich machen, und langsam verschwinden die Schlusslichter in der Nacht.

Jan und Mollie rücken noch näher zusammen. Die Nacht geht nun bald zu Ende.

Aus den Wiesen steigen schon Nebelschwaden wie Gespenster in riesigen weißen Laken; bald wird der neue Morgen anbrechen und die beiden werden einschlafen und den ganzen Tag lang durchratzen.

Nein, sie haben es nicht leicht. Sie können sich nur heimlich treffen, und es tut ihnen doppelt weh, dass die Sippen so verstritten sind.

Manchmal, sagt Mollie, träume ich, dass du einfach den nächsten Güterzug anhältst, du starker Hase, du, hältst den Zug einfach an, wir hopsen auf einen Waggon und lassen den ganzen Ärger hinter uns, sitzen einfach in einem Waggon voller Mohrrüben und brausen auf und davon, weg von hier, weg von dem blöden Ostern . . .

Ach ja, wenn nur Ostern nicht wäre, seufzt Jan, dann würden sich auch die Hasen vertragen. Ach, die alten Hasen in unserer Sippe sind schon richtige Streithammel geworden. Manchmal, meine liebe Mollie, träume ich davon, dass sich die Hasen auf beiden Seiten endlich wieder die Pfote reichen . . .

Langsam wird es hell. Die Amseln und Lerchen fangen an zu singen, als wären sie Jubelmusikanten für die Hasenliebe, für zwei junge Hasenherzen, die gemeinsam in den jungen Tag hineinschlafen wollen. Wieder rauscht ein großer Güterzug vorbei, diesmal in die Gegenrichtung, TATTATTATTATTATA . . . zisch . . . schschsch . . . und der Morgentau legt sich auf die Felder und macht alles frisch und klamm wie Wäsche, wenn man sie gerade aus dem Wäschetrockner holt, frisch wie die Liebe der beiden Hasen.

Weißt du, was ich an dir so gut leiden kann, mein Liebster?, mümmelt Mollie und schmiegt sich an Jan Hase. Na? Weißste was?

Jan Hase schüttelt den Kopf, dass die Ohren schlackern: Keine Ahnung.

Ich mag so gerne leiden, sagt Mollie, dass du so ein flinker Hase bist. Du weißt eben noch, was ein Haken ist.

Och, macht Jan Hase, och . . .

Ja, wirklich, weißt du, bei uns da grinsen die Bunnys immer nur. Das geht einem ganz schön auf die Nerven, die grinsen immer, das sind grinsende Rammler. Aber du bist noch ein richtig stolzer Hase, mein Liebster, mein Kuschelhase – und nun sag mir, was du an mir gut leiden kannst.

Ach, Mollie – was ich an dir gut leiden kann?

Ja? Was denn? Was denn nun?, will sie wissen.

Ich weiß gar nicht, wo ich da anfangen soll, sagt Jan Hase, und die beiden kuscheln noch näher zusammen, dass du so mollig bist und kuschelig, so flauschig und knuddelig. Du fusselst nicht . . . und, äh, ich kann das auch nicht so sagen . . .

Na los, nun sag schon, mümmelt Mollie und stubst Jan Hase ein bisschen in die Seite.

Also, das Schönste ist für mich, versucht Jan, hm? Wie soll ich das sagen? Das Schönste ist, wenn ich mich so an dich anschmiegen kann, um einzuschlafen. Das ist so ein wunderbares Gefühl, ich weiß überhaupt nicht . . .

Ja, mein kleines Häschen, lacht Mollie da, weißt du denn gar nicht, was das ist?

Nö, wieso denn? Was das sein soll? Weiß ich doch nicht, sagt Jan, mein Name ist Hase, ich weiß von nichts.

Ach, mein Häschen, sagt Mollie, weißt du das nicht? Das ist die Liebe!

Ach, das ist die Liebe, so so . . ., mümmelt Jan Hase, und du meinst nicht, dass es vielleicht am Mond liegen könnte?

Ach, mein Dummerchen, sagt Mollie, rackert und oselt ein bisschen: Äh, so kann ich nicht liegen . . . Moment . . . das klemmt mir die Pfote ab . . . so. So geht's. Doch doch, die Liebe! Das ist die Liebe. Und das Schönste ist, zusammen einzuschlafen, in den neuen Tag hinein.

Och ja, sagt Jan Hase, schon schön, das Schönste . . . Aber seltsam ist es doch, wenn es nun das Schönste sein soll, dann merkt man davon ziemlich wenig, weil man doch gerade dabei einschläft. Und wenn man ganz eingeschlafen ist, merkt man gar nichts mehr davon. Seltsam: Ausgerechnet bei der schönsten Sache schläft man ein . . .

Ach, mein Dummer, seufzt Mollie, du machst dir vielleicht Gedanken. Das ist doch gerade das Geheimnis der Liebe. Dass es ein bisschen so ist wie im Traum.

Hoppala, was du alles weißt, staunt Jan Hase, bei uns wird nie über so was gesprochen. Woher soll ich das auch wissen?

Ach, das weiß man, mein Häschen, das weiß man einfach so, flüstert Mollie, einfach so.

Jan Hase überlegt: Und ist es auch Liebe, wenn man gar nicht weiß, dass es Liebe ist? Oder nur dann, wenn man auch weiß, dass es Liebe ist?

Meine Güte, lächelt Mollie, du kannst dir vielleicht Gedanken machen. Das ist wieder mal typisch für euch Hasen von der linken Seite, ihr macht euch immer solche Gedanken . . . Hm, ich glaube, dass man über die Liebe nicht so viel nachdenken muss.

Es wird immer heller. In der Ferne geht die Leuchtreklame eines kleinen Elektroladens endlich aus, ein Neonlicht, hellblau wie Babywäsche, das die ganze Nacht über gebrannt hat. Wieder hört man aus dem Dorf einen Hahn krähen mit einem Kikeriki, als wollte er den neuen Morgen herbeirufen.

Und weißt du was?, sagt Jan Hase, als hätte er ein Weilchen überlegen müssen, wenn ich dich so liebe, dann muss ich immer auch daran denken, dass wir Hasen eigentlich zusammenhalten müssten, dass wir doch zusammengehören, ja, nicht nur wir Hasen . . .

Ach, Dummerchen, Schnuckelhäschen, du, seufzt Mollie, das ist doch klar. Das gehört zur Liebe dazu.

Ach so, dann ist ja gut, sagt Jan Hase, das gehört dazu, ach so. Na dann . . .

Klar, sagt Mollie, das gehört dazu. Weißt du, bei mir ist das so: Wenn ich so verliebt mit dir liege und einschlafe, dann muss ich zugleich an all die Sorgen denken, die wir Hasen haben, an die Schiene, die uns trennt. Aber wenn ich mich an dich ankuscheln kann, dann denke ich, dass doch alles wieder gut wird, irgendwann, bald . . .

Und das gehört auch dazu?, fragt Jan.

Klar, das auch, sagt Mollie.

Ach, ist das schön, seufzt Jan Hase.

Ach, ist das schön, seufzt Mollie.

Und so liegen die frisch verliebten Hasen im Morgentau, schlafwarm und aneinander gekuschelt. Die brauchen keine extra Wärmflasche. Und wenn es nun richtig hell wird und der Tag anbricht, dann werden die beiden Verlieb-

ten eingeschlafen sein. Denn die Hasen schlafen nun mal bei Tage und lie-
ben sich am Morgen. Und am späten Abend werden sie aufwachen und eine
richtige kleine rote Druckstelle an der Seite haben.

Ja, und die Menschen schlafen in der Nacht.

Und das solltet ihr jetzt auch tun: schlafen!
Gute Nacht!

Da lachen ja die Hühner

Kennt ihr denn schon das Abenteuer von Hubert, dem heldenhaften Hahn? Was?! Noch nicht!

Der wollte weltberühmt werden, dieser Hubert, wollte hoch hinaus. Er kam, müsst ihr wissen, aus einem kleinen Dorf, wo gar nichts los war. Einen Misthaufen gab es, Kirche, Apotheke, Gaststätte, Garage, Telefonzelle, Bushaltestelle und noch ein paar Kuhställe.

Doch Hubert wollte gerne Abenteuer bestehen, Hahnenkämpfe auf Leben und Tod, wenn's sein muss, Hahn gegen Hahn, mit gespitztem Sporn, gefährlich wie Messer, wie bei den Hähnen auf den Inseln Borneo und Sumatra – so was in der Art. Spannung, Action, donnerndes Leben. Aber auf dem doofen Dorf gab es nur gaggernde Hühner und nur einen Hahn: Hubert, den Hahn. So war das.

Hubert stolzierte mit geschwollener Hahnenbrust umher, sein Gefieder glänzte in der Sonne, sein Hahnenkamm leuchtete feuerrot und er krähte immerzu:

Ich bin hier der Hahn, den jeder kennt,
mit einem Hahnenkamm, der brennt!

Na ja, krächzte er etwas leiser hinterher, jedenfalls sieht es fast so aus, als ob er brennt, so feuerrot, wie er ist. Also, ich sehe das so, sagte sich Hubert, und die Hühner könnten das auch so sehen. Eigentlich könnte jeder sofort sehen, dass ich was Besonderes bin. Aber die Hühner gucken ja nicht. Die gucken nur nach unten und picken Körner. Oh diese Hühner, stöhnte Hubert, die kommen nie hoch hinaus, nur so hoch wie die Hühnerleiter, höher nicht, oh diese Hühner. Und es ärgerte ihn, dass diese dummen Hühner immer nur kicherten, gaggerten und giggerten und guggerten, immer zusammenhockten und tuschelten. Hubert dachte natürlich, sie machten Witze über ihn, wenn sie so zusammengluckten. Er konnte sich nicht vorstellen, dass die Hühner über was anderes gaggerten und giggerten als ausgerechnet über ihn. Was denn sonst?

Aber! Ihr werdet mich noch kennen lernen, kikeriki, krähte Hubert, ich werde nämlich fliegen, jawohl! Da wird sich noch die ganze Gefiederwelt an mich erinnern!

Da kicherten die Hühner nur. Weiß doch jedes Huhn, dass ein Hahn nicht fliegen kann. Das geht nun mal nicht. Und wie sie gaggerten: Ein Hahn ist kein Adler. Ein Hahn, der fliegen will – da lachen ja die Hühner.

So! Das ließ Hubert keine Ruhe. Das wurmte ihn; diese dummen, dummen Hühner! Hubert schlich heimlich hinter den Misthaufen und versuchte sofort zu fliegen.

Aber es ging nicht, natürlich nicht. Mit seinen Flügeln konnte er nur Staub aufwirbeln, das war alles. Er konnte auch kleinere Sprünge machen – ja, einmal schaffte er es mit viel Flügelgeklatsche sogar, über eine Schubkarre zu hopsen, aber es war eben doch mehr gehupft und gesprungen und nicht richtig geflogen.

Und Hubert sah dabei die lächerlichen kleinen Spatzen, wie sie schwebten und kurvten, als hätten sie gar kein Gewicht. Wie Herbstblätter im Wind trudelten diese Spatzen durch die Luft, ausgerechnet die, und Hubert ärgerte sich so sehr, dass er hätte platzen können vor Wut. Und er dachte: Ich kann diese Hühner nicht mehr ertragen, ich muss dringend raus hier.

Und Hubert beschloss das Fliegen zu üben – üben, üben, so lange, bis er es konnte.

Und so übte Hubert, der Hahn. Er fing mit hopsen und hüpfen an, sprang jeden Morgen dreimal über die Schubkarre, nur zur Übung, und bildete sich wirklich ein, dass es schon viel besser klappte. So versuchte sich Hubert an höheren Zielen.

Er sprang auf den Jägerzaun, einmal auf eine an der Hauswand angelehnte Harke, und einmal schaffte er es sogar auf einen Pfosten der Wäscheleine, und es sah aus, als wollte Hubert Hochseilartist werden. Doch ach, ihm war schwindelig und schummerig, als er so weit hochgekommen war und von seinem Pfosten aus runterblickte auf die Hühner im Hof. So klein sahen die Hühner aus – von oben gesehen. Auweia, wenn ich bloß nicht runterstürze, dachte Hubert, Auweia. Aber er ließ sich nichts anmerken und krähte den Hühnern was vor:

Alles nur Kleinigkeiten, kikeriki, so was macht ein Hahn wie ich jeden Tag, morgendliche Grundübungen. Aber bald schon werde ich mal kurz die Wolken von oben begucken und ein bisschen runterspucken, ho ho!

Irgendwie musste man die Hühner doch beeindrucken können.

Ihr könnt euch gar nicht vorstellen, krähte Hubert, kikeriki, wie klein ihr ausseht. Klein wie Spatzen. Von oben aus gesehen, seid ihr doch alle nur kleine Spatzen!

So gingen die Tage auf dem Hühnerhof dahin: Hubert machte seine Flugübungen – ohne dass er dabei wirklich fliegen lernte. Doch er machte dazu jede Menge Bemerkungen über die Kunst des Fliegens, Höhenrausch und die Schönheit der Welt von oben:

Man kriegt einen Blick für das Wesentliche, versteht ihr, die Welt sieht gleich ganz anders aus, von oben gesehen.

Doch die Hühner ließen ihn einfach krähen und sie gaggerten und giggerten wie zuvor.

Eines Tages wurde ein großes Baugerüst am Kirchturm aufgestellt. Denn die Uhr hoch oben musste frisch gestrichen werden. Die Farben waren verblasst im Laufe der Jahre und nun musste ein Maler hochsteigen und oben Zahlen und Zifferblatt nachmalen und mit neuer Farbe auffrischen.
Als Hubert das Baugerüst sah, wusste er, dass seine große Stunde geschlagen hatte. Er überlegte nicht lange und verkündete stolz, dass er mal eben auf die Kirchturmspitze fliegen wollte.
Die Hühner gaggerten und giggerten: Das geht doch nicht.
Doch Hubert reckte sich stolz: Das werdet ihr ja sehen, kikeriki! Auf los geht's los! Auf in die Wolken, auf zu ungeahnten Höhen, hinauf hinauf!
Und so stürmte Hubert ans Gerüst, hopste die erste Stufe hoch, hops! Und dann die zweite, hops!
Jetzt war er schon höher als die Wäscheleine, Auweia! So weit oben war er noch nie gewesen. Er biss seinen Schnabel fest zusammen: immer voran, voran, was danach kommt, sieht man dann, dachte Hubert. Hops! Bloß nicht runtergucken!

So versuchte sich Hubert Mut einzureden. War auch bitter nötig. Denn er hatte eine Riesenangst, wie er so nach oben hopste, von einer Stufe zur nächsten, immer weiter, hops . . . hops, höher, hops! Bis dahin, wo der Maler ahnungslos die Zahl 6 ausmalte. Die Uhr stand gerade auf 5 vor 11 – eine günstige Zeit für die Zahl 6, die zur Stunde ganz frei war.
Der Maler tunkte seinen Pinsel ein und bemerkte gar nicht, dass schon eine Stufe unter ihm der heldenhafte Hahn zu einem gewaltigen Hopssprung ansetzte. Der gute Mann wäre auch sehr verwundert gewesen, wenn ihm in dieser Höhe plötzlich ein leibhaftiger Hahn begegnet wäre. Er malte sorgfältig die 6 aus und merkte nicht, dass der heldenhafte Hahn plötzlich neben ihm stand.

Und wie Hubert sich erst erschrak! Panik! Höllenangst! Er zitterte, dass er schon dachte, ihm fielen sämtliche Federn ab, als er plötzlich diesen Mann sah. So weit oben! Hoffentlich stubst der Mann mich nicht, dachte Hubert und wagte kaum sich zu bewegen, diese Männer sind aber auch überall. Sein Schnabel klapperte vor Angst wie die Kastagnetten eines stolzen Flamencotänzers, klapper-di-klapper-di-klapper-di-klapp . . . Hoffentlich hört mich der Mann nicht.

Leise schlich Hubert hinter dem Maler herum, hopste vorsichtig auf den großen Farbeimer und sprang von da aus tollkühn noch höher bis oben an die Dachrinne des Kirchturmdaches. Ja ja, ein Held träumt nicht, ein Held tut was, dachte Hubert, nur zu, nur zu, Hubert, tu, tu, tu! Und er fuchtelte mit den Flügeln, um das Gleichgewicht zu halten.

Nanu, dachte der Maler, da war doch was! Hat sich da nicht was bewegt? Er schaute sich um, sah aber nichts und dachte nur: Ach, was wird das schon gewesen sein, hier oben, höchstens ein Vogel, was sonst?

Und malte weiter. Die 6 war fertig, und er machte sich gerade an die 7 . . .

Nun war Hubert fast ganz oben. Er hatte ja solche Angst: Was mach ich, wenn ich oben bin? Jetzt gibt es sowieso kein Zurück mehr, dachte er, so ist das mit Helden. Helden kennen kein Zurück, und Hubert ist ein Held. Ich bin doch kein Angsthase – oder vielleicht doch? Nein nein, los, rauf auf den Gipfel, in luftige Höhen, in die sich nur Adler wagen, na ja und Geier natürlich und nur ein einziger mutiger Hahn, ich persönlich, Hubert der Hahn mit dem feuerroten Gefieder, los, rauf!

So setzte er zu seinem letzten großen Sprung an.

Aber was für ein Schock für Hubert, als er sah, was oben auf der Kuppel war: ein Wetterhahn. Das hatte Hubert ja noch nie gesehen. Ein Blechhahn! Hier oben.

Wieso hier?

Was soll das?

Hubert war wie vom Blitz getroffen, krallte sich am Wetterhahn fest, um nicht abzustürzen, krähte und schrie vor Schreck so laut er konnte: Kikeriki Kriii Kriii!

Da kriegte der Maler einen Schreck, der ihm durch alle Knochen fuhr. Er fiel hin und der Farbeimer stürzte ab. Das Gerüst kam ins Wanken. Die oberste

Stufe klappte zusammen, und, klack-lack-lack-lack, wie ein Kartenhaus fiel das ganze Gerüst in sich zusammen, und von Stufe zu Stufe, klack-lack-lack-lack, stürzte der arme Maler runter und wollte sich noch festhalten, machte dabei aber nur einen Pinselstrich, der aussah wie ein Blitz, an die Kirchturmwand.

Oben hielt sich Hubert krampfhaft am Wetterhahn fest und wünschte sich runter zu seinen Hühnern. Hier komm ich ja nie wieder weg, dachte er bitter, nie wieder, und er brüllte aus vollem Hals, Kikerikrächz, Kriii Kriii Krächz!

Sofort hatte sich unten eine Menschenmenge versammelt. Der Rettungswagen kam, um den Maler ins Krankenhaus zu fahren. Als er hinten ins Krankenauto geschoben wurde, konnte er nur noch wimmern: »Ein Hahn! Da oben, ein Hahn . . .«

»Ja ja, schon gut«, sagten die Rotkreuzhelfer, deckten den Maler zu und transportierten ihn mit TATÜTATA ab. Die Leute unten, die drum herumstanden, glaubten, dass der Maler vielleicht ein Bier zu viel getrunken hatte.

»Das kann gar nicht sein«, sagte der Bauleiter, »meine Leute trinken nicht bei der Arbeit.«

»Vielleicht kommt es von der starken Sonneneinstrahlung so hoch oben«, meinte der Apotheker, »da muss man sich gut eincremen, ich habe da ein Mittel mit Sonnenschutzfaktor . . .«

»Verdammt noch mal«, schimpfte der Bauleiter dazwischen, »die Männer vom Gerüstbau haben Mist gebaut.«

»Nein nein, nicht fluchen!«, riefen die Frauen. »Nicht in der Nähe der Kirche fluchen, das bringt Unglück.«

»Das Unglück ist schon da«, schnauzte der Bauleiter, »jetzt guck sich einer den Sachschaden an. Wie der Kirchturm aussieht! Als hätte der Blitz reingeschlagen.«

»Ruhe jetzt«, rief der Polizist, »ich bitte um Ruhe.«

Und oben hockte Hubert auf dem Wetterhahn festgekrallt und versuchte auf keinen Fall in die Tiefe zu gucken.

Ich habe nämlich keine Angst vor der Höhe, versuchte er sich einzureden, nur vor der Tiefe. Es war ihm, als hätte er einen Anker an seinen Krallen, der ihn nach unten reißen wollte.

Was soll bloß der Hahn hier oben?

Dieser alte rostige Hahn.

Das ist doch alles nur ein böser Streich.

Da kam ein kleiner Windstoß, der Wetterhahn drehte sich ein bisschen . . . Nein, Hilfe! Halt! Kikerikrächz, krähte Hubert, klammerte sich fest und wünschte, dass alles gar nicht wahr wäre, nur ein böser Traum, ein übler Streich. Nicht drehen! Anhalten, ich werde schwindelig, Stopp! Kikerikrächz, Kriii Kriii!

Unten waren die Leute immer noch in heller Aufregung.

»Wer soll das jetzt bezahlen?«

»Ruhe!«, rief der Polizist.

»Eigentlich kann so was gar nicht passieren«, schimpfte der Bauleiter.

»Aber es ist doch schon passiert«, rief der Polizist. »Ruhe jetzt!«

»Aber eigentlich kann so was nicht passieren.«

»Da oben ist wirklich ein Hahn!«, sagte das Mädchen Marlene ganz aufgeregt und zeigte mit dem Finger auf die Kirchturmspitze.

»Quatsch! Wie soll der da raufgekommen sein?«, brummte der Bauleiter, »unmöglich!«

»Ach, die meint wahrscheinlich den Wetterhahn«, sagte der Polizist, »und jetzt Ruhe!«

»Nein, nein, ein richtiger Hahn! Der sitzt oben auf dem Wetterhahn drauf, guckt doch selber!«, rief Marlene ganz zappelig. So viel war noch nie los gewesen in dem kleinen schwäbischen Dorf.

»Jetzt sieht das Mädchen auch schon alles doppelt«, motzte der Bauleiter, »das geht doch gar nicht, ein Hahn auf dem Wetterhahn, wie soll denn der da raufgekommen sein?«

Aber es wurde ein Fernglas geholt, das der Apotheker zur Verfügung stellte, und nun konnte sich der Polizist selbst überzeugen: »Zwei Hähne! Eindeutig, zwei Hähne!«

»Zwei Hähne«, staunte der Bauleiter, »da brat mir doch einer einen Storch!«

Und die Frauen riefen: »Ogottogott, zwei Hähne auf der Kirche, Ogottogott, das bringt Unglück!«

Doch der Polizist schnauzte sie an, sie sollten keinen Unsinn daherreden, und außerdem müsse jetzt die Feuerwehr aus der Kreisstadt herangezogen werden.

Tatsächlich wurde die Feuerwehr gerufen, die ihre lange Leiter ausfahren musste, die bis oben zur Kirchturmspitze reichte. Das hatte das Dorf noch nie gesehen.

Einer der Feuerwehrleute setzte seinen Helm auf und machte sich auf den Weg: »So einen albernen Auftrag hatte ich noch nie«, bruddelte er, »wenn's wenigstens mal richtig brennen würde.«

»Als wenn's nicht schon schlimm genug ist«, klagten die Frauen, »immerhin ist der Maler verletzt.«

»Ich möchte bloß wissen, wie der saublöde Hahn da oben raufgekommen sein soll«, meckerte der Feuerwehrmann, »was will der auch da oben? Ein Hahn gehört auf den Mist!«

»Saublöder Hahn«, lachte der Apotheker, »das ist gut, saublöder Hahn . . . sehr witzig.«

»Wie kann man nur darüber lachen?«, empörten sich die Frauen.

»Och, ist doch witzig«, sagte der Apotheker, »ein saublöder Hahn, ein Hahn blöd wie eine Sau . . .«

Nun machte sich der Feuerwehrmann ärgerlich auf den Weg die lange Leiter hoch, und der Bauleiter rief noch hinterher:

»Pass auf, dass er nicht beißt, der saublöde Hahn!«, und die Feuerwehrmänner, die unten blieben, kicherten alle.

Nein, Hubert, der Heldenhafte, dachte überhaupt nicht daran, zu beißen. Er machte sich steif, als ob er ausgestopft wäre, und ließ sich vom Feuerwehrmann anfassen wie ein Spielzeug. Vorsichtig trug ihn der Mann die lange Leiter wieder runter, und je mehr sie sich, Stufe für Stufe, dem Erdboden näherten, desto mehr merkte Hubert, dass der böse Traum ein Ende hatte. Er entspannte sich und fühlte, dass er gerettet war.

Als sie endlich unten angekommen waren, hopste Hubert von der Hand des Feuerwehrmannes und raste weg, so schnell er konnte, zurück zu den Hühnern.

»Kann mir mal einer erklären, was der da oben zu suchen hatte?«, fragte der Polizist. »Was soll ich denn jetzt ins Protokoll schreiben?«

Und da stolzierte Hubert schon wieder zwischen den Hühnern herum.

Kikeriki, krähte er, ich war oben, ganz oben, Höhenrekord! Habt ihr's gesehen? Habt ihr hochgeguckt?

Doch die Hühner tuschelten nur, gaggerten, giggerten und guggerten.

Ach, ihr guckt ja doch immer nur nach unten! Alberne Hühner, dachte Hubert, der Heldenhafte: Von oben aus, krähte er, seid ihr so klein, dass man euch gar nicht mehr erkennt. Und wieder schwoll sein Hahnenkamm feuerrot an, und sein Gefieder glänzte in der Sonne.

Hier guckt doch mal, wie das glänzt, kikerikite er, das kommt von der Sonne. Ich war sooo nah an der Sonne. Also, jetzt sieht mein Hahnenkamm aber wirklich so aus, als ob er brennt, guckt doch mal, wirklich wahr, wenn ihr das jetzt nicht merkt, dann weiß ich auch nicht . . . Ja, und diese Aussicht da oben, sag ich euch, da kann man bis nach Borneo gucken. Und bis nach Sumatra.

Wieder kicherten die Hühner bloß, gaggerten und fragten, ob es da ganz oben überhaupt Körner gebe.

Körner, phhh Körner, dachte Hubert, der ganze Himmel hängt voller Körner, kleinliche Fragerei, diese Hühner und Hausfrauen aber auch. Natürlich gibt es Körner, jede Menge, krähte er, die weht der Wind vorbei. Das könnt ihr euch gar nicht vorstellen.

Ja, Hubert war noch stolzer seit diesem Tag. Hubert, der heldenhafte Hahn. Und nur wir wissen, wie sein Abenteuer in Wirklichkeit war. Aber wir werden Hubert natürlich nicht verpetzen, oder?

So schlecht war es ja auch nicht.

Krieg und Frieden

Auf der Heide leben die Heidschnucken . . . Nein, keine Schafe, Heidschnucken. Die haben kleine krumme Hörner und ein ganz wuscheliges Fell, als hätten sie einen zotteligen alten Fusselpullover an. Die sind auch nicht weiß, sondern eher dreckig. Und – das muss ich gleich sagen, leider – sie benehmen sich wie die kleinen Teufel.

Otto und Max. Otto denkt, dass Max sogar noch ein wenig wuscheliger und zotteliger aussieht als er. Max dagegen denkt, dass Otto noch ein wenig wuscheliger und zotteliger aussieht. Da können die sich nie einigen. Dabei sehen sie in Wirklichkeit alle beide . . . na ja egal, nun zanken sie schon wieder, und immer, wenn sie zanken, stoßen sie zusammen, rammen sich mit ihren Hörnchen, PLONG, wollen doch mal sehen, PLONG, ja, wollen doch mal sehen . . . PLONG PLONG. Schon brettern sie voll mit den Köpfen zusammen, voll der Hammer, schon wieder, immer drauf. Feste drauf. So wie Kinder, die beim Topfschlagen nicht mehr aufhören wollen und immer auf den Topf hauen, PLONG PLONG PLONG . . . so was gibt es ja. So sind die Heidschnucken: Otto und Max. Immer krachen sie zusammen, sodass man schon befürchten muss, dass aus ihren Köpfen Funken sprühen.

Und da passiert es, ZONG. Die beiden prallen aufeinander, streiten sich mal wieder, ganz egal, um was, die streiten sowieso fast immer . . . und KRACH, wieder bumsen sie mit den Köpfen zusammen, und, ja, da passiert es eben, dass sie sich mit ihren krummen Hörnchen verhaken und nicht mehr voneinander loskommen.

Nun lass schon endlich los, brummt Max.

Lass du doch los, muffelt Otto und will sofort wieder zustoßen – geht aber nicht, weil sie so fest zusammengehakt sind.

Lass los!, motzt Max, rück mir nicht so dicht auf die Wolle!

Lass du doch los, blökt Otto, rüttelt sich und schüttelt sich und rüttelt sich und schüttelt . . .

Nein du!, zetert Max.

Nein du!

Nein du!

Nein du!

Blöde Meckerschnucke, muffelt Max.

Und Otto sofort: Alter Hammel! Lass los!

Du tatteriges Trampeltier, du, Tollpatsch, lass du doch los . . . rüttelt Max und rüttelt . . . Du Riesen-Rhinozeros, du . . .

Stinktier, muffelt Otto.

Wackliges Kamel, du, lass endlich los!

Misthaufen!

Spatzenhirn!

Du Stachelschwein, du borstiges, schnauzt Otto, du borstiges, biesterliches Stachelvieh!

Nee, biesterlich gibt es nicht. Max überlegt: Entweder verbiestert oder biestig.

Na gut, dann eben biestig, brummt Otto, du biestiges Stachelschwein, biestiges du!

Genau. So ist es richtig.

Alter Rechthaberich, musst aber auch immer Recht behalten, stöhnt Otto.

Oh nein, das nicht unbedingt, aber biesterlich kann man einfach nicht sagen.

Hab ich doch längst verbessert, schnauft Otto, habe ich längst verbessert und habe biestiges Borstenvieh zu dir gesagt, oder besser gesagt Stachelvieh. Du biestiges, borstiges, stures Stachelvieh, du!

Und du tatteriges Trampeltier, du!

Tatteriges Trampeltier hast du schon mal gesagt, damit kannste mich gar nicht beeindrucken, überhaupt nicht.

Dann, überlegt Max, dann sag ich eben: tatteriger Fussel-Dussel!

Na und?

Gemeine Stechmücke! Max wird immer lauter: Jawohl! Stechmücke, du! Stichel-stachel-stichel . . .

Schwabbelqualle, brummt Otto, Schwabbelqualle, lass los!

Und Max – jetzt noch lauter: Du wild gewordener Scheuerlappen!

Fleckiges Krötenvieh, du, schnaubt Otto und rüttelt wieder, schüttel, rüttel, lahmer Grottenolm!

Selber einer, muffelt Max.

Nein du!

Nein du!

Nein du!

Nein du! Also, ein lahmer Grottenolm bist du nun wirklich selber, sagt Max, das bist du nun wirklich selber.

Nein du!

Ja . . . und, schüttel, rüttel, schüttel, immer so weiter . . . Max denkt nämlich, dass er ein bisschen stärker ist als Otto, nicht viel, aber ein bisschen . . . schüttel, rüttel, schüttel . . . während Otto natürlich fest davon überzeugt ist, dass er im Zweifelsfall der Stärkere ist, wollen wir doch mal sehen, rüttel, rüttel, immer so weiter . . .

Und immer so weiter.

Wenn du schon nicht loslässt, dann hau endlich ab, motzt Otto.

Und Max muffelt sofort: Wie soll ich abhauen, wenn du mich festhältst?!

Ich halte dich doch gar nicht fest, brummt Otto, du hältst mich fest!

Nein, du mich, sagt Max.

Und Otto: Nein du, nein du, nein du! Nun lass schon endlich los.

Ich doch nicht. Du sollst loslassen.

Nein du!

Nein du!

Dann bleiben wir eben zusammen, schnaubt Otto, du alter bärtiger Mümmelmann, du, bleiben wir eben zusammen. Ist mir doch egal.

Soso egal. Max überlegt. Das sagst du nur, um mich zu ärgern, schäbige Laus, du . . .

Ärger dich doch, bis du molsch und klietschig bist. Ist mir doch egal, du verschnarchter Hund, du stolperiger Traumtänzer, du. Ist mir doch egal.

Von wegen egal. Du sagst nur, dass es dir egal ist, weil du mich damit ärgern willst.

Gar nicht wahr!

Du schwindelst, muffelt Max, ich hab dich längst durchschaut: Du willst mich nur ärgern, weiter nichts.

Ach wo, mir ist das ganz egal.

Aber aber, das kannste mit mir nicht machen, ich ärger mich nämlich gar nicht, bätsch!

Egal, egal, egal . . .

Bätsch! Ich ärger mich gar nicht, brüllt Max, brüllt so laut er kann, überhaupt nicht! Bätsch!

Wenn du dich nicht ärgerst, brummt Otto und überlegt ein bisschen, dann ist mir das auch egal.

Und Max brüllt wieder: Ich ärger mich auch nicht. So!

Ist mir ganz egal. Kannst dich ärgern oder nicht. Egal, egal, egal.

Na gut. Wenn es dir egal ist, überlegt Max, dann . . . Ja, dann ärger ich mich eben! Ja! Jawohl! Ich ärger mich, ich ärger mich, ärger mich!

Hab ich gleich gewusst, sagt Otto, aber ist mir egal. Egal.

Da stehen sie nun auf der Heide. Stinksauer. Keiner rührt sich. Keinen Schritt. Kommt überhaupt nicht in die Tüte.

Nun, schließlich müssen sie sich doch einigen: Wenn einer von ihnen vorwärts gehen will, dann muss der andere eben rückwärts gehen. Anders geht's nicht. Otto glaubt ja, dass er schlauer ist als Max. Erheblich schlauer sogar. Keine Frage. Max glaubt allerdings, dass er die rettenden Ideen hat, wenn wieder mal Not an der Heidschnucke ist, ohne ihn läuft gar nichts, denkt er jedenfalls. Da stehen sie nun.

Beide wollen vorwärts.

Tja, so kommen sie natürlich gar nicht von der Stelle. Schließlich willigt Otto – ausnahmsweise – ein rückwärts zu gehen, aber nur zwanzig Schritte, abgezählt. Mehr nicht. Und auch nur dann, wenn er anschließend sofort mindestens genauso viele Schritte vorwärts gehen kann. Mindestens.

Na gut, das ist gerecht. Ausnahmsweise können sie sich einigen, halbe-halbe: Erst muss Otto zwanzig Schritte rückwärts, dann Max, das ist nur fair. Und so tappelt Otto zwanzig Schritte rückwärts, zählt laut mit und nach genau zwanzig Schritten ruft er:

Halt! Stopp!

Dann muss Max rückwärts, zwanzig abgezählte Schritte. Und keinen weniger.

Und nach zwanzig Schritten stehen die beiden Heidschnucken genau an derselben Stelle, an der sie vorher standen.

Siehste, sagt Max, du wolltest mich nur in die Richtung locken, die dir in den Kram passt. Aber so geht's nicht.

Ja ja, schnaubt Otto, so geht's nicht. Dann musst du eben rückwärts . . . mach doch endlich!

Aber höchstens zwanzig Schritte, sagt Max sofort, pampig und patzig wie er nun mal ist, höchstens zwanzig, mehr hast du auch nicht, und nur wenn du nachher auch zwanzig Schritte rückwärts gehst, und zwar sofort.

Na gut. Otto ist einverstanden. Der Klügere gibt nach.

Nun muss Max zuerst rückwärts, eins, zwei, drei, vier, zählen beide laut mit, fünf, sechs, sieben, acht . . . genau zwanzig abgezählte Schritte.

Halt. Stopp!

Dann muss Otto rückwärts. Das war abgemacht. Genauso viele Schritte. Eins, zwei, drei, vier, wieder zählen beide genau mit und achten darauf, dass keiner mogelt. Und nach zwanzig Schritten . . . stehen die beiden schon wieder an derselben Stelle, an der sie schon mal standen.

Siehste, sagt Otto, hab ich gleich gewusst, du mit deinem ewigen Hin und Her, siehste!

Siehste, siehste! Was soll das denn heißen?, muffelt Max, du bist sowieso immer nur dagegen.

Stimmt ja gar nicht, pampt Otto zurück.

Doch, muffelt Max, du bist der reinste Neinsagerich, ich kann sagen, was ich will, du schreist sofort: Nein, nein, nein!

Ist ja gar nicht wahr, brüllt Otto.

Doch!, grölt Max.

Nein!

Doch!

Nein! Nein! Nein!

Siehste, muffelt Max, du hast schon wieder Nein gesagt, sogar dreimal, nein, nein, nein. Du sagst immer nur Nein.

Nein, stimmt gar nicht, sagt Otto, ich hab auch schon was anderes gesagt. Nicht immer nur nein. Ich hab auch schon gesagt: Egal, egal, egal . . .

Ist auch nicht besser, brummt Max.

Ist aber was anderes als nein, sagt Otto, das musste zugeben, Schnucki. Egal, egal, egal ist was anderes als nein . . .

Du sollst nicht immer Schnucki zu mir sagen, muffelt Max. Schnucki sagst du nur, um mich zu ärgern.

Was soll ich nicht?

Schnucki sagen, schnaubt Max, du sollst nicht dauernd Schnucki zu mir sagen! Schnucki sagt man einfach nicht unter hornigen Heidschnucken.

Sagst du ja selber, brummt Otto.

Was?, fragt Max, wie bitte?

Du sagst ja selber Schnucki, mein Schnuckiputzi.

Ich doch nicht.

Doch doch.

Quatsch, schnaubt Max, ich hab gesagt, du sollst nicht immer Schnucki zu mir sagen, du, du, du! Und Schnuckiputzi erst recht nicht! Weder Schnucki-putzi noch Schnucki!

Schon wieder! Schon wieder! Hast schon wieder gesagt . . .

Was?

Du hast schon wieder Schnucki gesagt, mein Schnuckiputzi.

Also hör mal, schnaubt und pustet Max immer lauter, ich hab nur gesagt, dass du nicht immer Schnucki zu mir . . .

Schon wieder, sagt Otto, siehste!

Kann ich mal ausreden? Ja?

Aber bitte doch, mein Wuschelkuschel.

Du sollst nicht immer Schnucki zu mir sagen, brüllt Max so laut er kann, das hab ich gesagt, genau das, so!

Und dabei hast du selber Schnucki gesagt, blökt Otto, hast du selber gesagt, mein Schnuckiputzi.

Aber nur, um dir zu sagen, dass du das nicht sagen sollst.

Gesagt ist gesagt, mein Wuschelkuschel.

Wuschelkuschel sollst du auch nicht sagen. Kann ich nicht ab, so was.

Wuschelkuschel hast du auch gerade selber gesagt.

Aber du sollst es nicht sagen, schreit Max, du, du, du!

Na gut, sagt Otto und tut, als wenn er kurz überlegen muss, wenn ich nicht Schnucki und Schnuckiputzi sagen soll . . .

Sollst du auch nicht.

Also gut. Wenn ich das nicht sagen soll. Und auch nicht Wuschelkuschel . . .

Sag das nicht dauernd!

Na gut, sagt Otto, dann sag ich eben Heidschibumbeidschibum. . .

Nein!, schnaubt Max, alles, bloß das nicht. Wehe!

Na gut, sagt Otto, wenn das so ist, dann sag ich doch lieber Schnucki.

Da stehen sie immer noch an derselben Stelle, streiten und kabbeln . . . Ich hab ja gleich gesagt, dass sich die beiden wie die kleinen Teufel benehmen. Da kann man nichts machen. Die sind so.

Nun ist die Heide sowieso Sperrzone. Da finden nämlich Manöver statt. Ja, so schön die Heide auch sein mag, da wird mit Platzpatronen geschossen, PENG, und Panzerfahrzeuge zerfurchen den Boden.

Und wie nun die beiden Heidschnucken so rumstehen und zetern, kommt eine Kolonne heran, vorn ein Jeep, dahinter ein Panzer, und sie tuten, TÖÖÖÖT, damit die beiden den Weg freimachen, TÖÖÖÖT, aber da sich Otto und Max nicht einigen können, wer von beiden rückwärts gehen soll, kommen sie nicht von der Stelle.

Los, geh schon, schnauft Max.

Geh du doch, muffelt Otto.

Nein, erst du!

Nein du!

Nein du!

TÖÖÖÖT TÖÖÖÖT

Nein du!

Nein du!

TÖÖÖÖT TÖÖÖÖT TÖÖÖÖT TÖÖÖÖT

Du!

Du!

Die Kolonne bremst ab.

»Alles anhalten!«, flucht der Fahrer und springt vom Jeep. »Das hab ich ja mein Lebtag noch nicht gesehen. Das ist ja zum Mäusemelken. So was von stur.«

Die andern Gefreiten schmunzeln, freuen sich im Stillen über die Verschnaufpause, holen Feldflaschen und EPA (Ein-Mann-Packung, Tagesration) und hocken sich ins Heidekraut. Der Funkbetriebsverwalter geht ans Sprechfunkgerät, um dem Gruppenführer Meldung zu erstatten, mit Geheimcode natürlich.

»Löwenzahn an Heiderose, bitte kommen, Löwenzahn an Heiderose, bitte kommen.«

Schon knistert das Gerät.

»Löwenzahn meldet, zwei Schafe behindern die planmäßige Durchführung des Manövers . . . Jawohl, Schafe, schwarze Schafe. Nein, keine Demonstranten, sondern richtige Schafe, diesmal, schwarze Schafe, so dreckig und . . . Äh, ich berichtige: Es handelt sich bei den beiden Schafen nicht um Schafe, sondern vielmehr um Heidschnucken. Es muss also richtig heißen: zwei Heidschnucken behindern . . . Jawohl, verstanden. Hindernis beseitigen. Verstanden. Ende.«

Und so müssen sechs Gefreite mit anfassen, die sturen Heidschnucken trennen, ihre Hörner auseinander tüddeln und sie wegscheuchen.

»Das hab ich ja mein Lebtag noch nicht gesehen«, sagt der Fahrer wieder, »ich hab schon so manches gesehen, ich hab schon Pferde kotzen sehen, vor der Apotheke. Aber so was!«

Und ich hab auch schon gesagt, dass sich die beiden wie die kleinen Teufel benehmen . . . unmöglich. Aber da kann man nichts machen.
So sind die eben.

Kaum sind sie außerhalb der Sperrzone, in der Nähe einer alten Schäferhütte, in der ein Heidedichter haust – ja, kaum sind sie aus der Puste, fangen sie schon wieder an zu streiten, wer denn nun Schuld hat, wer von beiden stur ist, wer noch sturer, wer am stursten, wer am allerstursten und wer am aller-allerallerstursten, wer zuerst hätte rückwärts gehen sollen, und überhaupt.
Immer, wenn ich mal was sage, pustet Max noch ganz atemlos, dann hörst du gar nicht zu, sondern bollerst gleich voll dagegen und sagst erst mal was über mich.
Machst du doch genauso, muffelt Otto, du bist doch der reinste Gegenbölker. Nur noch schlimmer . . .
Ich doch nicht, du!
Und beide Heidschnucken stoßen gleich wieder mit den Köpfen zusammen, PLONG, voll draufgebrettert, wieder klingt es, als wenn einer mit dem Hammer auf einen Stein haut – und wieder verhaken sich die beiden.
Nein! Nicht schon wieder!
Das darf doch nicht wahr sein!
Ist aber wahr! Deine Schuld! Du bist der allergrößte Heidetrottel, du Neinsagerich, du . . . du Rechthaberich . . .
Nein, deine Schuld, schreit Max, du bist ja schon ganz doof geworden, kein Wunder, wenn du immer mit dem Kopf irgendwo gegenbollerst. Das klingt schon richtig hohl bei dir . . .
Musst du gerade sagen, das ist nämlich dein Schädel, der so hohl klingt, du hohler Heidschnuckerich, du.
Selber hohler Heidschnuckerich!
Du bist noch viel hohler, brummt Otto.

Hohler geht nicht, hohl ist hohl, jawohl.

Bist du aber! Du bist noch hohler, du noch hohlerer Heidschnuckerich, du!

Dann bist du sogar noch hohler als hohler, du noch-hohler-als-hohler-Heidschnuckerich, du!

Nein, Schluss jetzt damit. Deine Schuld, basta, schnaubt Otto, das hast du absichtlich gemacht, um . . .

Nein du, unterbricht Max.

Ruhe, brüllt Otto, das hast du absichtlich gemacht, um mich zu ärgern! Deine Schuld!

Nein deine, du glitschige Made, du . . .

Gar nicht wahr, deine . . .

Nein deine!

Deine!

Deine!

Und so geht es wieder los . . . Immer dasselbe mit den Heidschnucken. So ist das.

In der Hütte sitzt ein alter Heidedichter, schaut versonnen aus dem Fenster, zu den Heidschnucken draußen, und denkt, er müsse darüber ein schönes Gedicht schreiben, ein richtig schönes Gedicht, eins, das sich noch richtig reimt. Manche Leute finden ja, dass es irgendwie blöd aussieht, wie diese Viecher so in der Gegend rumstehen; andere Leute sind total gerührt. Ja, sie sind völlig hingerissen von diesen Wuscheltieren. Sie hängen sich sogar Bilder von Heidelandschaften im Abendrot über das Bett, mit Schäfchen drauf, oder mit Heidschnucken, weil sie meinen, dass so was ihrem Seelenfrieden gut tut – ich weiß auch nicht. Vielleicht denken sie auch, dass sie dann was Schönes träumen – wie auch immer. Der Heidedichter ist jedenfalls auch so einer. Auch ihm erscheint die Heide so versöhnlich, so ruhig . . . wie warm doch die Abendsonne auf den Heidekräutern ruht, so golden, oder gülden, wie der Dichter gerne sagt . . . gülden gülden – was reimt sich auf gülden? So ruhig ist es gar nicht, wie ihr euch denken könnt; nicht weit entfernt kann man die Schießübungen hören und das Brummen der Panzerfahrzeuge. Das aber hört der Dichter nicht. Und schreibt ein Gedicht:

Friede

Wenn ich aus dem Fenster gucke,
seh ich draußen eine Schnucke.
Nein: gleich zwei. Und alle beide
weilen lieblich auf der Heide.

Seh ich später aus dem Zimmer,
weilen beide da noch immer.
Solchen Frieden bietet nur:
die Natur!
Die Natur!

Und da stehn nun die beiden Heidschnucken, verheddert, verhakt, verstritten – und lassen nicht locker.

Weißt du, was ich glaube, schnauft Otto, schon langsam ganz müde geworden.

Nee! Woher soll ich das denn wissen?

Ich glaube, sagt Otto, du bist zwar immer so rüpelig und trotzbockig zu mir . . .

Trotzbockig gibt es überhaupt nicht.

Du bist aber trotzdem immer so trotzbockig zu mir.

Das geht nicht. Das Wort gibt es überhaupt nicht.

Und trotzdem. Obwohl es das Wort nicht gibt, bist du immer so trotzbockig zu mir und so rüpelig . . .

Also erstens bist du noch viel rüpeliger, und zweitens, unterbricht Max sofort, und zweitens bin ich überhaupt nicht rüpelig. Nur du!

Na ja, Schnucki, aber obwohl du so rüpelig und trotzbockig bist . . .

Ich doch nicht . . . bin ich doch gar nicht.

Lass mich doch mal ausreden, Schnuckiputzi.

Du sollst nicht Schnucki zu mir sagen, und Schnuckiputzi erst recht nicht.

Also, ich wollte doch nur sagen, fängt Otto wieder an, dass du, obwohl du so trotzbockig und rüpelig zu mir bist, ich glaube, dass du mich trotzdem, äh, in Wirklichkeit ganz gerne leiden kannst.

Wieso denn trotzdem?, fragt Max.

Ja, trotzdem du so rüpelig und trotzbockig bist . . .

Aber ich bin doch überhaupt nicht rüpelig, brummt Max dazwischen, und trotzbockig gibt es gar nicht.

Ja, und trotzdem glaube ich, Schnucki, erklärt Otto, dass du in Wirklichkeit . . .

Außerdem bist du noch viel rüpeliger. Und wenn hier einer trotzbockig ist, dann du!

Was, ich?

Ja, du!

Eben hast du noch gesagt, trotzbockig gibt es gar nicht.

Ich habe gesagt: Wenn hier einer trotzbockig ist, wenn! Du musst auch zuhören: Wenn! Wenn, dann du.

Du willst auch immer nur das letzte Wort haben, motzt Otto, immer dasselbe mit dir, immer musst du das letzte Wort haben.

Ich doch nicht, schnaubt Max, du! Du willst immer das letzte Wort haben.

Wieso denn ich? Du!

Nein du!

Nein du!

Nein du!

Nein du!

Nein du!

Nein du!

Nein du!

Nein du!

Nein du!

Nein du!

Siehste, schon wieder, brummt Otto.

Schon wieder was?

Du hast schon wieder das letzte Wort gehabt, sagt Otto, gerade eben.

Nee du, überlegt Max, du hast gerade eben das letzte Wort gehabt, wie immer.

Das hättest du nicht sagen dürfen, schnaubt Otto, denn damit hast du wieder das letzte Wort . . .

Jetzt du! Siehste! Gerade wieder!

Nein du!

Nein du!

Otto überlegt: Was ich jetzt sage, das gilt nicht, und damit hast du gerade wieder das letzte Wort gehabt. Und dein letztes Wort hieß: Nein du! Wie immer bei dir. Du sagst nämlich immer nein. Nein, nein, nein!

Und damit hast du doch wieder das letzte Wort gehabt, das wolltest du ja nur. Du hast immer das letzte Wort.

Nein du!

Nein du. Ist auch immer dasselbe mit dir.

Mit dir auch, du verheulte Trauerkuh, du.

So geht das immer weiter. Und immer weiter. Und immer weiter.

Es sind die letzten Heuler. Die liegen sich immer in der Wolle. Die können nun mal nicht anders.

Wenn der Heidedichter nicht aus der Hütte kommt und die Heidschnucken trennt, dann bleiben die wohl immer so zusammen. Unmöglich so was . . .

Und ich fürchte, ehrlich gesagt, dass der Dichter gar nicht merkt, dass die beiden zusammenhängen . . . gülden gülden – was reimt sich auf gülden?

Und wenn er sie doch auseinander bringen sollte, ich sagte: Wenn! – wenn er sie auseinander bringen sollte, dann verhakeln sich die beiden bei der nächsten Gelegenheit gleich wieder. So sind die nun mal. Da kann man nichts machen.

Zum Glück sind wir ja nicht so.

Ich jedenfalls nicht.

Köter

Ein Hundeleben

*K*öter war ein glücklicher Hund. Doch doch. In Wirklichkeit hieß er natürlich nicht Köter . . . Ich glaube sogar, er hatte überhaupt keinen richtigen Namen. Aber die Menschen, bei denen er lebte – zwei Männer: Harald und Eddi –, die sagten immer Köter zu ihm oder dreckiges Stinktier oder Arsch mit Ohren, aber meist einfach nur Köter, elender Köter oder blöder Köter. Und da dachte sich der Hund eben, dass Köter ein Name sei, so wie andere Hunde Bello heißen, Waldi oder Schnuffel; und immer, wenn einer der Männer sagte: »Oh nein, nicht schon wieder dieser ewige Köter!«, dann freute sich der Hund, wedelte mit dem Schwanz, lief auf den Mann zu – auch wenn der ihn nur mit dem Stiefel beiseite schubste und brummte: »Weg da, elender Köter!«

Nein, die waren nicht nett zu ihrem Hund, die Männer. Früher musste da noch eine Frau in der Wohnung gewesen sein, aber an die konnte sich Köter kaum noch erinnern, das war schon lange her. Nun lebte er jedenfalls allein mit diesen Männern; und die saßen die meiste Zeit vor dem Fernseher, guckten alles an, und wenn das Programm zu Ende war, holten sie Videokassetten.

Köter aber, der glückliche Hund, träumte den ganzen Tag vor sich hin und dachte sich was Schönes aus. Wenn Eddi, gemein wie er war, seine Zigarette extra so hinhielt, dass der Rauch Köter in der Nase beißen musste, nur um den Hund zu ärgern, was – ja, was machte Köter dann?

Tja, dann träumte er eben von einer blauen Blume, an der er schnüffelte, und er stellte sich den schönen Duft vor, den er dann riechen könnte.

»Dieser blöde Köter träumt schon wieder«, sagte Eddi und trank dazu einen Schluck Bier aus der Dose, »elender Köter, träumt einfach bei Tag und bei Nacht.«

»Mann, der hat's doch gut«, nuschelte Harald, »der braucht keine Videos.«

Ja – so lebte Köter dahin. Und wenn die Männer eine leere Bierdose nach ihm warfen, um ihn aus seinen schönen Träumen zu wecken, dann stöhnte

Köter nur leise und träumte schnell weiter. Niemals bellte oder knurrte er. Nie zeigte er seine Zähne. Er war ein friedlicher Hund. Friedlich und glücklich.

»Ich glaube, der muss mal wieder raus, das stinkt hier schon so . . .«, brummte Eddi ärgerlich, »der Köter geht mir grade wieder tierisch auf die Nüsse, geh du mal runter mit dem Mistvieh.«
»Wenn's denn sein muss«, motzte Harald und trank einen kräftigen Schluck Bier, dass der Schaum auf den Teppichboden tropfte.
»Und bring gleich 'n paar Videos mit, Kannibalo Brutalo und Zoff mit Zombies . . .«, grummelte Eddi, »nicht so 'nen Pipikram.«
»Wenn's denn sein muss«, sagte Harald, »ja ja.«
»Und was zu essen«, kommandierte Eddi weiter, »Currywurst, Fritten mit Ketschup, du bist dran mit zahlen, Alter.«
»Los, raus hier«, schimpfte Harald, »worauf wartest du noch, elender Köter!«
Und Köter freute sich, als er hörte, dass ihn jemand beim Namen rief, freute sich, als dürfte er raus auf eine schöne, grüne Wiese.

Draußen aber war es noch ungemütlicher.
Weil Köter doch so klein und schmächtig war, musste er immer Angst haben vor den andern großen Hunden, die ihn gefährlich anbleckten und anknurrten, sodass er richtig zittern musste. Doch in seinen Träumen stellte Köter sich das genau umgekehrt vor: Da waren die andern Hunde viel kleiner und er selber, Köter, war der größte und schönste Hund.
Ja, auch der schönste. In Wirklichkeit war Köter zottelig, struppig und verfilzt. Und all die andern Hunde, die rosarote Schleifchen trugen oder sogar kleine Goldkettchen, blickten voll Hochmut und Verachtung auf Köter herab; und die schönsten Hundefrauen mit ihrem parfümierten Podex schauten nur stolz zur Seite, wenn sie an ihm vorbeischarwenzelten. Doch in seinen Träumen sah sich Köter als guter Freund all der feinen Hundedamen, die in seiner Vorstellung auch nicht ganz so fein waren und nicht ganz so parfümiert und mit ihm zusammen auf einer schönen Wiese rumspielten.
Noch schlimmer waren die Autos, die knapp an Köter vorbeirasten, die ihn

bespritzten und erschreckten. Und dann die Auspuffgase! Die taten seiner Nase noch mehr weh als Zigarettenrauch.

Schließlich musste Köter sich zwischen zwei parkende Autos vor die Videothek hocken . . .

»Eh, nicht an den Be-eM-We pinkeln«, schimpfte Harald und trat Köter in die Seite, »nimm den Golf, los mach schon.«

Dann holte Harald Currywurst und Fritten. Köter musste draußen bleiben. Er wurde an einem Straßenschild angebunden.

Es duftete so gut. Immerhin. Und dann zerrte Harald den armen Köter am Halsband hinter sich her, die vielen Stufen hoch, in den fünften Stock. Köter japste nach Luft.

Oben schoben die Männer sofort neue Videos ein. Als Köter einen Blick auf den Bildschirm warf und sah, wie der Kettensägenmörder über die Mattscheibe huschte, träumte er lieber schnell was Schöneres. Und wenn er in seinen Träumen durch Schüsse, Schreie und Explosionen erschreckt wurde, dann stellte Köter sich vor, dass es nur das Singen der Vögel wäre, die extra für ihn ein Lied anstimmten.

So lebte Köter dahin und träumte von einer freundlichen Familie, die sich um ihn kümmerte, die ihm zu fressen gab, ihn rauslaufen ließ, ja sogar ab und zu mal streichelte. Gar nicht oft, nur ab und zu mal. Er sah sich mit den schönen Hundedamen flotte Spielchen machen und hörte dazu die Vögel singen. Niemand warf eine Bierdose hinter ihm her – in seinen Träumen jedenfalls nicht. Es gab keine steilen Treppen, keine Autoabgase – in seinen Träumen –, kein Ziehen am Halsband und kein Fernsehprogramm, das die Männer manchmal laufen ließen, bis sie eingeschlafen waren und auf dem Bildschirm nur noch das Grau grieselte. Nein, wenn Köter mal auf die Mattscheibe guckte, dann gab es da höchstens ab und zu eine freundliche Hundedame als Ansagerin, und nach Sendeschluss sah er statt grieselndem Grau eine grüne Wiese.

So war das elende Leben von Köter, dem glücklichen Hund, der immer schöne Träume hatte.

Eines Tages nun wartete Köter auf die Männer – aber die kamen nicht wieder. Köter wusste gar nicht, was passiert sein mochte, und döste einfach ein bisschen, ja, er igelte sich regelrecht ein in seine schönen Träume.

Am Abend aber wurde er hungrig und fühlte sich ganz schlabberig. Er war ja sowieso eher mager und matt. Und wenn er auch sonst nie einen unfreundlichen Laut jaulte oder knurrte, so fing doch sein Magen langsam an leise zu knurren.

Was sollte er machen?

Köter träumte – träumte von Schritten auf dem Flur, träumte, dass die Männer endlich wiederkämen, träumte, dass er vor Freude an ihnen hochhopste, wie sie ihn tätschelten und knuddelten und ihm eine große Dose Chappi spendierten, mit sechs verschiedenen Sorten Fleisch, wie er mal in einer Fernsehwerbung gesehen hatte.

Aber die Männer kamen nicht. Köter musste mit knurrendem Magen einschlafen.

Auch am nächsten Tag kamen sie nicht, und Köter konnte es nicht länger aushalten und pinkelte hinter den Sessel, in dem Eddi sonst immer saß. Er hatte furchtbare Angst, dass Eddi ihn schlagen würde, wenn er es bemerkte . . . ja, aber was sollte er denn machen?

Das Telefon klingelte in der Nebenwohnung und machte Köter ganz nervös. Die konnten ihn doch nicht einfach vergessen haben, oder? Vielleicht war nur das Fernsehgerät kaputt und die Männer mussten was erledigen? Was war nur passiert?

Doch Köter wollte nicht länger grübeln und Trübsal blasen. Lieber dachte er sich schöne Träume aus und lag den ganzen Tag in Gedanken versunken in der tristen Wohnung, die nun langsam anfing zu stinken. Köter schmiegte sich behaglich in seine Träume, schmiegte sich darin ein wie in einen molligen Winterschal.

Die Männer kamen nicht wieder. Auch am nächsten Tag nicht.

Waren sie in Urlaub? War ihnen was zugestoßen? Wollten sie Köter loswerden? Köter wusste es nicht . . . Er war so allein; die leere Wohnung war so trostlos. Eine Luft da drin wie in einer Konservendose. Doch in seinen Träumen stellte Köter sich die schönsten Feste vor, zu denen all die edlen Hundedamen kamen, ihm Gesellschaft leisteten, an ihm rumschnupperten . . .

Nun konnte Köter es vor Hunger fast nicht mehr aushalten. Er war so geschwächt, dass er sich kaum noch aufraffen konnte die Wohnung nach essbaren Abfällen abzusuchen. Er versuchte an den Türen zu kratzen, fühlte sich aber zu schwach. Schließlich fand er eine verkorkte Flasche, aus der es vergammelt roch, und eine Konservendose, aber er wusste nicht, was drin war, weil er die Aufschrift nicht lesen konnte – und natürlich hatte er auch keinen Büchsenöffner. Doch er stellte sich vor, dass es ein Sonderangebot von Chappi wäre, von dem er schon immer geträumt hatte, und versuchte an der Dose rumzukauen – vergeblich. Er fand nur einen Socken von Harald, kaute ein bisschen darauf herum, wurde davon aber auch nicht satt, nein, nur noch hungriger, und der Speichel lief ihm im Mund zusammen. Nun hatte er Angst, dass auch Harald ihn verprügeln würde. Erst Eddi, dann Harald.

Köter wusste nicht, wie viele Tage er schon alleine war; denn er träumte bei Tag und bei Nacht. In seinen Träumen war schon viermal die Sonne aufgegangen und achtundzwanzigmal der Mond. Er hatte schon zweimal hinter jeden Sessel gepinkelt, und es gab insgesamt drei Sessel im Zimmer. Hinter den Fernseher hatte er auch schon gemacht und an die Zimmerpflanze, die ganz vertrocknet war und aussah wie tot.

Ja, stellt euch vor, so war das: Da stand Köter auf seinen wackligen Beinchen, ganz lätsche-bätscherig, und schnupperte an der Pflanze, um wenigstens ein bisschen was Frisches zu riechen, und er ahnte schon, dass er bald genau wie die Pflanze verdorren, verdursten und verderben musste. Auch seine großen braunen Augen hatten keine Tränen mehr, selbst die waren ausgetrocknet. Seine Schlappohren hingen noch schlapper runter als sonst. Aber er stellte sich eine grüne Wiese vor, auf die ein warmer Sommerregen niedergeht, und alle Blumen sahen sauber und glänzend aus wie frisch gebadete Babys, und alle Blumen auf seiner Traumwiese breiteten Blätter und Blüten aus wie Arme bei einer Begrüßung.

Nun war Köter so schwach, dass er sich fast gar nicht mehr bewegen konnte; er lag nur noch in einer Ecke, schrumpelte richtig ein und war nur noch ein Häufchen Elend.

In seinen Träumen jedoch sah er Wolken, die sich in Würste verwandelten, und in seinen Träumen konnte er so hoch hopsen, dass er bis an die Würstchenwolken heranreichte, und er schnappte sich die leckersten Happen, sprang so hoch, dass er fast flog – aber nur im Traum.

Was sollte Köter bloß machen?

Er kriegte die Flasche nicht auf, auch die Konservenbüchse nicht. Er konnte die Blume nicht gießen, ach, nicht mal selbst was zu trinken finden. Er konnte nur langsam verkümmern.

Da hatte Köter einen besonders schönen Traum: All die edlen Hundedamen, die er draußen auf der Straße gesehen hatte, waren versammelt und alle feierten ein großes Fest, ein Hundefest – ein Abschiedsfest für Köter. Er ahnte – auch im Traum –, dass er sterben musste. Er hatte sich immer so einsam gefühlt, dass er sich nun ein letztes Mal die schönste Hundeparty zusammenträumte, mit tollen Spielen auf seiner grünen Wiese. Die Hundedamen kläfften fröhlich, als würden sie gemeinsam Hundelieder bellen; kläfften aus Übermut und liefen ihm – im Traum – entgegen.

Auch Köter kläffte – im Traum –, kläffte mit seinen Hundedamen um die Wette, wau, wau, wau . . . und zusammen gab es ein wunderbares Hundekläffkonzert, auf der grünen Weise im Hundetraum.

Ja, Köter träumte so heftig, dass er nicht nur im Traum bellte, sondern auch in Wirklichkeit, wau, wau, wau. Eigentlich war er ja ein stiller Hund, ein stillvergnügter Träumer und bellte fast nie – nun aber in seinem Traum wurde gebellt, wauauau, wauauau, da wurde gebellt, dass die Wiese wackelte, WAUWWAU WAU WAU! Köter bellte im Traum auf der Wiese, WAU WAU WAUAUAUAU, bellte in der Wohnung, WAU WAU WAUAUAUAU-AUAUAUAU, lauter und lauter . . .

Da wurde Köter plötzlich wach. Er hörte Stimmen und Schritte, die er noch nie gehört hatte. Menschen kamen an die Tür, öffneten mit einem Nach-

schlüssel, und herein traten ein Polizist und eine Nachbarin, die sich sofort die Nase zuhielt und sich überall umblickte.

»Das stinkt ja fürchterlich«, rief sie.

Köter zitterte am ganzen Körper.

»Das ist das Biest, das diesen Höllenlärm . . . Ach, du meine Güte, das arme Hündchen. Jetzt guckense sich das an, Herr Wachtmeister«, sagte die Nachbarin und beugte sich über den armen Köter, der in der Ecke kauerte.

»Ach, das arme Hündchen, Herr Wachtmeister, was sagense dazu? Ham die glatt das Hündchen hier dringelassen. Soll ich Ihnen mal sagen, was ich von solchen Nachbarn halte . . .?«

Aber der Polizist unterbrach sie streng: »Wollen Sie den Hund an sich nehmen?«

»Nee, Herr Wachtmeister, kommt gar nicht in Frage«, jammerte die Nachbarin, »wissense, ich hab so viel umme Ohren . . .«

»Dann kommt er ins Tierheim«, sagte der Polizist kurz angebunden.

Köter hörte auf zu zittern. Er hatte gemerkt, dass die fremden Menschen ihn nicht schlagen würden, nicht treten, nicht bestrafen. Die Nachbarin stellte ihm sogar eine Schale Wasser hin, damit er seinen größten Durst stillen konnte.

»Und den Gummibaum hamse vertrocknen lassen, also das sind mir vielleicht . . . Herr Wachtmeister, jetzt guckense sich das mal an! Is doch schade umme schöne Pflanze. Die werd ich mal an mich nehmen, wennse nichts dagegen haben.«

Köter schlief vor lauter Erschöpfung wieder ein.

»Nie haben die das Treppenhaus geputzt. Das weiß ich genau!«, schimpfte die Nachbarsfrau weiter, »das sind mir vielleicht Nachbarn, sind mir das. Die gehören doch eingesperrt.«

»Gute Frau«, sagte der Polizist, »wie kann man einen einsperren, wenn er nicht da ist?«

Und Köter träumte schon wieder. Diesmal lag er auf seiner Wiese, die Sonne schien, die Vögel sangen, Amseln, Meisen . . . freundliche Hunde spielten mit einem bunten Ball; Harald und Eddi waren auch mit dabei – in seinem Traum – und kraulten ihn liebevoll am Bauch und verfütterten Currywurst an alle.

So hörte Köter gar nicht mehr, wie die Nachbarsfrau noch zum Polizisten sagte, dass er mal ganz schnell gucken solle, sie habe so den Eindruck, dass dieser Hund sogar im Traum lächle.

»Ist doch wirklich ein armes Geschöpf«, sagte sie, »aber trotzdem ein glücklicher Hund. Der lächelt im Schlaf. Jetzt guckense sich das an. Der lächelt. Was sagt man dazu?«

Null Bock auf Familie

*I*gor war Einzeligel. Er hatte seine Geschwister und Eltern an der Bundesstraße verloren und wäre auch selber um Stachelsbreite von einem Deutrans-LKW erwischt worden.

Nee, hier bleibe ich nicht mehr, dachte er bitter, die rasen ja doch alle wie die Idioten; und so tippelte Igor los, um sich eine verkehrsberuhigte Zone zu suchen und ein neues Leben anzufangen. Klar war er traurig, doch er sagte sich immer, ach, ich werde mich schon irgendwie durchpieksen. So tippelte er weiter, tippelte und tippelte. Bis in die nächste Stadt.

Da fand Igor einen friedlichen Park in der Nähe von einem Seniorenheim. Da gab es schöne Büsche und Bäume, schmiedeeiserne Laternen, sogar zwei Schwäne und Bänke für die alten Leute. Eine ruhige Gegend.

Nicht ganz.

In letzter Zeit trafen sich einige Punks im Park, drehten ihren Ghettoblaster auf volle Dröhnung und versuchten, wo sie nur konnten, die alten Leute zu ärgern. Sie hatten Sicherheitsnadeln in ihren T-Shirts, Löcher in ihren Jeans – so was können die Omas gar nicht mit ansehen, also wirklich nicht! Die hatten sich Ketten umgehängt und sahen richtig gefährlich aus. Neuerdings hatten sie sogar von Burger King bunte Pappkronen geholt, die eigentlich für Kindergeburtstage gedacht waren, und nun sahen sie aus wie ätzende Punk-Könige. Am wildesten sah einer aus, den sie alle nur Micki nannten, obwohl er in Wirklichkeit Michael Schulte hieß. Der hatte einen richtigen Irokesenschnitt, die Haare waren hochgezwirbelt und orange gefärbt.

Gerade kam ein Krankenpfleger und schob einen gehbehinderten Rentner im Rollstuhl über den Kiesweg. Die Punks kicherten schon, und Micki grölte: »Eh, guckt mal da! Schon wieder so ein Sesselfurzer. Hier muss irgendwo ein Nest sein!« Und da beömmelten sich die Punks und wollten sich am liebsten scheckig lachen.

»Unver. . .schämtheit, so was, Unver. . .«, murmelte der Rentner nur und wusste gar nicht so recht, was er sagen sollte, »ist doch eine Unversch. . . Da müsste man den Schutzmann rufen.«

»Eh, mach keinen Terz«, sagte einer der Punks, »wer wird denn gleich die Bullen holen«, und schon riefen alle Punks im Chor:

»Haut die Bullen
platt wie Stullen!
Haut die Bullen
platt wie Stullen!
Haut die Bullen . . .«

Der Krankenpfleger schob den Rollstuhl schnell weiter, schnell weg von hier, schnell. Hinter seinem Rücken streckten die Punks schon die Zungen raus und kicherten wieder.

»Kalkleiste!«, rief Micki hinterher, »ihr macht es doch sowieso nicht mehr lang. Ihr seid doch fein raus.«

Igor guckte vorsichtig unter einem Busch raus und wollte mal sehen, was da los war. Da sah er die Punks und konnte es kaum fassen. Wahnsinn, staunte er, Wahnsinn, so was hab ich ja noch nie gesehen. Er konnte gar nicht mehr wegucken. Da, dieser Große mit den orangen Haaren! Echt stark! Nicht zu fassen. Igor hielt vor lauter Aufregung die Luft an. Wahnsinn, dachte er nur, Wahnsinn, und beobachtete alles ganz genau von seinem Versteck aus. Wahnsinn.

Die Punks hatten sich Senf von einer Würstchenbude geklaut, eine große gelbe Tube Senf, und nun schmierten sie damit die Parkbank voll, bis die Tube leer gespritzt war und nur noch Röchelgeräusche aus der Tube kamen, die sich anhörten, als würde jemand furzen. Das machte denen gerade Spaß. Gerade. Und sie drückten immer wieder auf die Tube, immer drauf. Das fanden sie tierisch gut. Immer auf die Tube drücken. Die Rentner trauten sich schon gar nicht mehr in die Nähe.

»Das ist Ruhestörung!«, schimpften sie von weitem, winkten mit ihren Krückstöcken und klagten, dass die Jugend heute keinen Respekt mehr habe, einfach keinen Respekt mehr, und dass es früher so was nicht gegeben habe. Doch da feixten die Punks nur und beschimpften die Alten als Schnarchsäcke.

»Verpisst euch, ihr Schnarchsäcke«, brüllte Micki und drückte wieder auf die Tube, pfffffffftzz!

Igor guckte sich das alles von seinem Busch aus an – Wahnsinn!

Als sich am Abend die Punks endlich verzogen, trippelte Igor vorsichtig zur Parkbank, schnüffelte neugierig am Senf und sammelte sorgfältig alle Laschen von den Bierdosen, die überall rumlagen, wieder ein. Er rollte auch die Senftube, die einer der Punks achtlos in die Beete geschleudert hatte, zurück zur Bank. Die brauchen sie bestimmt noch, dachte Igor, so was brauchen die doch.

Igor konnte lange nicht einschlafen.

Selbst am nächsten Morgen war er noch ganz aufregt. Er stromerte ein bisschen umher, erforschte die Gegend, konnte aber nicht aufhören an den großen Punk mit seiner Irokesenfrisur zu denken, Wahnsinn, dachte er immer wieder, Wahnsinn.

So kam er zu einer Gartenlaube mit einem Gartenzaun, wo ein alter Pizzabäcker wohnte, der aus Spaß seinen Zaun in den italienischen Nationalfarben Rot – Weiß – Grün angemalt hatte, FRISCH GESTRICHEN.

Prima, dachte Igor, gute Gelegenheit, und er rannte so oft am Zaun hin und her, bis seine Stacheln bunt gefärbt waren.

Dann rannte er mit seinen Stacheln voran und Augen zu voll gegen einen Blumenkasten aus Waschbeton. Das tat zwar weh, aber so knickten ein paar Stacheln ab und baumelten ihm vorne in sein Igelgesicht.

Dann schlenderte er zurück zu den Laschen von den Bierdosen, die er am Abend zuvor gesammelt hatte, und diese Laschen wickelte er sich um seine dünnen Beinchen, dass es aussah, als trüge er lauter eiserne Ringe. Ja, er fand sogar ein Stück Alufolie – echt schrill, dachte er und spießte die Alufolie auf seine gefärbten Stacheln. Das wird denen bestimmt gefallen; die werden staunen!

So wartete Igor auf die Punks.

Die kamen auch. Sie hatten einen Einkaufswagen vom Supermarkt mitgehen lassen. Einer der Punks setzte sich rein, Micki schob, die andern rannten hinterher. So rasten sie über die Parkwege, rempelten die Rollstuhlfahrer an und brüllten immerzu: »Ben Hur! Ben Hur!«

Dann setzten sich alle auf die Bank, die sie mit Senf eingeschmiert hatten, und teilten die Bierdosen untereinander auf.

»Absolut nichts los in dem Puff hier«, motzten sie, »total tote Hose.« Und einer der Punks warf mit der leeren Senftube und versuchte das Schild

> *Haltet die*
> *Parkanlage*
> *sauber*

zu treffen – daneben.

Vorsichtig lugte Igor unter dem Busch hervor. Er überprüfte noch mal, ob seine Alufolie gut aufgespießt war – alles okay . . . Langsam traute er sich in die Nähe der Punks, immer näher. Er klapperte mit den Bierdosenlaschen an seinen Füßen – klapper klapper . . . Es dauerte eine ganze Weile, bis die Punks ihn bemerkten.

»Eh, ich krieg 'nen Krampf! Mann, Micki, guck dir das an«, sagte einer der Punks und zeigte auf den Igel. »Guck dir das an!«

»Ein Schweineigel«, sagte Micki und alle grölten:

»Schweineigel! Echt geil!«

»Einfach spitze.«

»Hat ja auch jede Menge Spitzen, haha.«

Als Igor merkte, dass die Punks ihn beachteten, wurde er etwas mutiger, traute sich noch näher ran, wackelte ein bisschen zur Musik und sträubte seine Stacheln, so gut er konnte. So trippelte er ein paar Mal vor den Punks hin und her. Die konnten es einfach nicht fassen.

»Schweineigel«, sagten sie immer wieder, »Schweineigel«, und fanden das ungeheuer witzig.

Nun kam Igor so nah heran, dass ein Punk ihn aus seiner Bierdose anspritzen konnte, und da kriegte Igor voll eine ganze Dusche Dosenbier ab. Die Punks lachten sich scheckig. Igor huschte vor Schreck erst mal wieder in den Busch zurück.

»Eh, du hast den Schweineigel nass gemacht!«, kicherte Micki.

Am frühen Morgen kriegte Igor Besuch von einer Igelfamilie, die auch im Stadtpark lebte: Mutter, Vater, drei Igelkinder.

Soso, sprach der Vater der Familie, du bist hier also der neue Igel, herzlich willkommen! Hoffentlich gefällt es dir hier auch.

Ich find's zum Kotzen, sagte Igor nur.

Aber aber, meinte der Igelvater, sooo schlecht ist es nun wirklich nicht. Ist doch ein schöner Park hier, gute Wohngegend, ruhig und so . . . Darf man denn fragen, wie du heißt?

Man nennt mich Iggy, sagte Igor und sträubte seine Stacheln.

Ja, Iggy, sag nur, fragte der Igelvater weiter, was ist denn bloß mit deinen Stacheln passiert? Die sind ja ganz krumm und dreckig, kann man dir irgendwie behilflich sein?

Keine Panik, Alter, sagte Igor, keine Panik! Sieht doch scharf aus, Wahnsinn! Das hat man jetzt so.

Hm, ich weiß nicht . . ., überlegte der Igelvater und schob erst mal seine drei Kinder ein bisschen zur Seite: Geht mal etwas rüber auf die Seite, los los! Die waren nämlich auf Igor zugetrippelt und schnupperten neugierig an seiner Alufolie rum.

Heute Abend, sagte die Igelmutter, gehen wir alle in den Wald, wenn wieder die Nachtigall singt. Komm doch mit, dann können wir zusammen . . .

Nachtigall, stöhnte Igor, so ein schmalziges Gesäusel tu ich mir doch nicht an. Womöglich noch mit Händchenhalten – bloß kein Geschmuse, bloß das nicht. Und Igor erklärte, dass er lieber die Musik mochte, die aus dem Musikkasten der Punks dröhnte. Yeah yeah, da fahr ich voll drauf ab! Aber voll!

Hm, ich weiß nicht . . ., meinte der Igelvater. Und die Igelmutter fragte:

Sag mal, Iggy, du lebst doch nicht etwa alleine? Hast du denn gar keine Familie?

Nee! Ich hab einfach null Bock auf Familie, sagte Igor, und erzählte ihnen, dass er hier ein neues Leben anfangen wollte und dass er dazu schon die allerbesten Freunde gefunden hätte, die man sich überhaupt vorstellen könnte: Die füttern mich, geben mir was zu trinken, die sind einfach unheimlich nett. Ich brauch denen bloß ein Zeichen zu geben, dann tun die alles für mich, unheimlich starke Burschen, Wahnsinn, mir kann überhaupt nichts passieren . . . So redete Igor auf die erstaunte Igelfamilie ein.

Also, du willst nicht mit zur Nachtigall?, fragte die Igelmutter noch mal.

Igor schnaubte nur: Schnulzenfuzzizeug, kannste doch voll vergessen. Nachtigall, ick hör dir trapsen.

Na, dann wünsche ich noch mal Alles Gute, sagte der Igelvater und die Familie trollte sich davon.

Eine merkwürdige Ausdrucksweise hat dieser Iggy, murmelte er noch im Weitertrippeln. Die Kinder standen immer noch wie angewurzelt und drehten sich nach Igor um.

Nun kommt schon weiter, los los.

Am nächsten Tag kamen die Punks wieder. Obwohl es regnete, ja plästerte und pladderte. Es war eben sonst nichts los. Der Einkaufswagen stand immer noch wie blöd im Park rum, völlig fehl am Platz, und die Regentropfen fielen durch das Gittergestell. Die Punks ließen sich einfach auf die verschmierte Bank plumpsen – flatsch! Keine Rentner in Sicht, nichts. Sie ließen sich einregnen und ödeten sich an.

Igor hatte extra ein paar kleine Blätter aufgespießt und freute sich schon von den Punks beachtet zu werden. Er hatte auch die leere Senftube gesucht und wieder bis an die Parkbank zurückgerollt.

Doch die Punks beachteten ihn kaum noch. Die Stimmung war auf dem Nullpunkt. Micki musste nämlich eine Lehre als Metzger anfangen, und da würde er seine Irokesenfrisur vergessen müssen.

»Der Putz muss runter«, maulte er. Und alle wussten schon, dass es ohne Micki einfach keinen Spaß mehr machen würde. Micki selber war einfach nur fertig, rattenfertig. »Ich fühl mich wie ein Klo, eh«, sagte er, »no future, aber echt.«

»Guck mal, da wuselt wieder dieser Schweineigel rum«, sagte einer der Punks noch, aber sie konnten sich einfach nicht mehr so recht beömmeln. Sie fühlten sich schlapp wie Luftballons, die irgendwo vergessen wurden und schon ganz eingeschrumpelt waren.

Die Punks holten eine Tageszeitung aus dem Papierkorb und zerknüllten sie zu einer Kugel und fluchten dabei, dass die ganze Welt total im Arsch sei, aber total.

»Ganz egal, ob die Nachrichten von gestern sind oder von vorgestern«, sagte Micki, »die sind immer nur schlecht. Es gibt keine guten Nachrichten.« Und so knüllten sie die Zeitung zu einer richtigen Kugel mit Sportteil und dem alten Fernsehprogramm. Lustlos kickten sie ein bisschen damit herum, bäng bäng, hatten aber einfach keine Power mehr.

»Einmal noch abfackeln, dann ist sowieso bingo«, sagte Micki noch, stopfte die Kugel wieder in den Papierkorb und versuchte sie anzuzünden, was bei der Feuchtigkeit nicht so einfach war. Schließlich rauchte es doch noch im Eimer und seltsam bunte Flammen züngelten um den Unrat, ein übler Geruch machte sich breit, schwelend und quälend kohlte das Feuer vor sich hin.

»So, ihr Zombies«, sagte Micki, »das war's dann. Ende, sag ich, Ende!«

Immer, wenn die Igelfamilie im Park spazieren ging, grüßten sie Igor freundlich, hielt sich aber etwas zurück. Die Igelkinder sollten nicht so nah an Igor ran.

Lasst es bloß nicht so weit kommen, sagten die Igeleltern, dieser Iggy mag ja ganz nett sein, aber völlig auf den Hund gekommen! Leider. Muss doch auch unbequem sein mit diesen Metallringen an den Füßen, oder was der da hat, und dann hampelt er immer so rum . . . also wirklich . . . muss das sein? Schon dieser Name: Iggy! Seltsamer Name . . .

Micki fing eine Lehre als Metzgergeselle an und hieß nun wieder Michael, manchmal sogar Herr Schulte. Die Haare wurden abgeschnitten, er musste regelmäßig zur Arbeit und zur Berufsschule. Es war nur die Härte, nur. Die andern Punks trafen sich noch gelegentlich im Park und manchmal konnten sie Igor beobachten, der sich immer in ihrer Nähe rumtrieb und mit den Bierdosenlaschen rasselte, aber es fehlte ihnen irgendwie der richtige Kick.

»Ohne Micki ist es hier genauso langweilig wie in Hannover«, stöhnten sie, »wie überall auf der Welt.«

Einmal kam sogar eine Polizeistreife vorbei und räumte endlich den Ein-

kaufswagen weg, der da immer noch rumstand wie das Skelett eines Fabelwesens.

Schließlich ließen sich die Punks gar nicht mehr blicken. Die Rentner hatten wieder ihre Ruhe. Na endlich.

Igor trug in letzter Zeit einen aufgespießten fauligen Apfel und versuchte damit die Aufmerksamkeit auf sich zu lenken.

Aber na ja. Er hatte längst gemerkt, dass der Große mit den orangen Haaren nicht mehr mit dabei war, und da hatte Igor auch keine Lust mehr, irgendwie.

Wo mag der nur stecken?, dachte Igor, der war doch von allen der Größte, Lauteste, Stärkste und Wildeste . . . der konnte doch nicht einfach verschwunden sein. Aber wo war er geblieben?

Igor tippelte wieder los und suchte den großen Punk, suchte an allen Bänken, auch an Bushaltestellen, suchte an allen Mülltonnen und suchte überall da, wo es nach Senf roch; ja, er wagte sich sogar in einen Fußgängertunnel und er durchquerte eine Springbrunnenanlage, die gerade trockengelegt war. Nichts! Keine Spur vom großen Punk.

In der sanierten Altstadt eröffneten Boutiquen, Videotheken, ein Laden für CDs, und Igor wagte sich sogar bis an die automatische Glastür, weil er meinte, er hätte da Musik gehört, wie sie Micki immer mochte – aber nichts da. Keine Spur von dem großen Punk mit den orangen Haaren.

Selbst wenn Igor seinen Micki entdeckt hätte – selbst wenn! –, so hätte er ihn doch nicht wieder erkannt mit den ordentlich frisierten Haaren und der weißen Metzgerschürze.

So suchte Igor weiter, einsam und immer unterwegs, suchte und suchte, ohne je seinen Micki wieder zu finden. Und so endet die Geschichte von Igor dem Igel.

Ende.

Nicht ganz.

Beim nächsten Mal, als die Igelfamilie wieder einen kleinen Spaziergang durch den Park machen wollte, wunderte sich der Igelvater ziemlich: Eines seiner Kinder hatte sich einen Stachel abgeknickt und ließ den frech in sein kleines Igelgesicht baumeln.

Meine Güte, was ist denn passiert?, fragte der Vater.

Och nichts, sagte der kleine Igel nur, nichts weiter, nö nö, nichts weiter.

Und am nächsten Tag war die Verwunderung noch größer: Alle drei Igelkinder hatten sich einen einzelnen Stachel grün eingefärbt. Sie hatten einen aufgeweichten Filzstift gefunden, BOSS markant, und hatten sich im giftgrünen Farbton jeweils einen einzelnen Stachel angemalt.

Was ist denn in euch gefahren?, fragte der Igelvater und machte sich langsam Sorgen.

Och nichts, sagten die Igelkinder nur.

Aber aber, sagte der Vater weiter, wollt ihr es etwa diesem ... diesem ... wie hieß er noch? Äh, diesem Iggy nachmachen? Dem Schrecken vom Seniorenpark? Ihr findet den doch nicht etwa gut?

Och, machten die Igelkinder nur und schüttelten ihre Stacheln.

Nicht dass ihr mir nachher auch noch so rumlauft.

Und die Mutter erklärte: Wisst ihr, Kinder, ich glaube, dieser Iggy war irgendwie unzufrieden mit der Welt, der wollte ja alleine gelassen werden. Der hat sich doch regelrecht eingeigelt, der hat sich eingerollt in seine gebrochenen Stacheln ...

Und dann diese Ausdrücke, sagte der Vater gleich dazu, diese Ausdrücke aber auch!

Ja, und deshalb glaube ich nicht, Kinder, sagte die Mutter, dass ihr so was nachmachen sollt. Das habt ihr doch gar nicht nötig. Ihr doch nicht.

Es half alles nichts. Die Kinder wollten unbedingt ihre gefärbten Stacheln so lassen, wie sie waren. Sie fanden das einfach schick und trollten sich nur noch mit gefärbten Stacheln mit auf den gemeinsamen Spaziergang. Na dann.

Was ist nur mit unseren Kindern los, wunderte sich der Igelvater, ich versteh das nicht. Die Kinder haben es doch gut bei uns ... vielleicht zu gut.

Und die Igelmutter seufzte nur, na ja, solange sie es nicht übertreiben.

Doch nicht nur die drei Igelkinder, die wir nun schon kennen, wollten sich plötzlich ein bisschen schmücken – alle wollten das. Irgendwie sprach sich das rum, und die Igelkinder der ganzen Umgebung stutzten sich die Stacheln zurecht, knickten sie raffiniert ab und tauschten Lippenstifte, die sie gefunden hatten, und andere Sachen, mit denen sich die Stacheln färben ließen. Sie erfanden Rezepte für Klebemittel (igel nehme: Colareste mit eingeweichtem Lutscher und etwas Honig), mit denen sie sich die Stacheln zu Büscheln zusammenkleben konnten. Die Alten staunten nur. Nur.

Ich weiß nicht, was die Jugend daran findet, ich weiß es wirklich nicht, so schüttelten sie ihre Stacheln, aber da kann man wohl nichts machen, das ist eben die Mode von heute. Warum muss die ausgerechnet so hässlich sein, warum?

Einmal sah man im Seniorenpark sogar einen kleinen Igel, der sich einen Stachel so elegant eingedreht hatte, dass er aussah wie ein kleiner Blitz. Keiner wusste, wie er das hingekriegt hatte.

Tja.

Wenn ihr nun mal einen Igel sehen solltet . . . das kann ja sein? Igel halten sich gerne in der Nähe von Menschen auf, und da kann es schon mal vorkommen, dass ihr auch mal einen trefft. Wenn ihr also mal einen sehen solltet, dann – das muss ich zuerst sagen – gebt dem keine Milch zu trinken, das vertragen die nicht. Und natürlich auch kein Bier aus der Dose. Aber das würdet ihr sowieso nicht machen – oder?

Igel sind freundliche Tiere. Nur streicheln kann man sie nicht. Muss ja auch nicht. Bloß kein Geschmuse, sagte schon Iggy. Und wenn ihr nun mal zufällig, rein zufällig, einen Igel sehen solltet, der sich kunstvoll eine Hagebutte aufgespießt hat oder einen Stachel aufgezwirbelt hat, na, dann wisst ihr wenigstens, woher das kommt. Ihr müsst dann nicht vor lauter Verwunderung die Luft anhalten.

Ihr kennt das ja.

Die Waschbären
haben einen Traum

*E*s gibt noch Bären bei uns, richtige Bären, doch doch. Waschbären allerdings. Waschbären sind auch Bären. Und die Waschbären, die bei uns leben, sind richtige – wie man so schön sagt – waschechte Waschbären. Wie die Waschbären aus Kanada. Unsere Waschbären stammen ja aus Kanada und wurden hier in Zuchtfarmen aufgezogen. Aber ein paar von den Waschbären sind aus den Zuchtfarmen ausgebrochen, einfach geflüchtet, und leben nun wild in unseren Wäldern. Und so haben wir hier auch richtige Bären – Waschbären eben.

Sie fühlen sich natürlich noch ein bisschen fremd in der neuen Welt, obwohl sie schon lange bei uns leben und sich so langsam eingewöhnt haben, aber erst langsam – wie gesagt –, ganz langsam. Auch die andern Tiere haben sich noch nicht so richtig an die neuen Bären gewöhnt, noch nicht, das dauert alles noch.

Ist ja auch nicht so schlimm.

Viel schlimmer ist das Problem mit dem Wasser! Waschbären waschen doch immer – deswegen heißen sie ja auch Waschbären. Sie sind reinliche Tiere und waschen jedes Mal alles, was sie essen wollen, vorher mit Wasser ab. Doch das Wasser ist nicht mehr sauber. Schon lange nicht mehr. Es ist verschmutzt, enthält Giftstoffe . . . sogar auf kleinen Bächen sieht man manchmal einen Öl- oder Fettfilm; und an den großen Flüssen sieht man sogar Schaum und oft genug tote Fische, die mit dem Bauch nach oben treiben. Schlimm genug. Das Wasser ist einfach nicht mehr, wie es mal war. Es ist verschmutzt und vergiftet, auch wenn man es nicht sofort sieht.

Ja, und die Ersten, die das merken, sind natürlich die Waschbären. Die waschen ja täglich ihre Speisen und sie haben eine sehr, sehr feine Nase. Und ehe so mancher Politiker überhaupt etwas bemerken will und ehe die Wissenschaftler fertig sind mit ihren umfangreichen Forschungen – da haben die Waschbären es schon längst bemerkt.

Ja, und was dann?

Ja, was dann? Die Waschbären müssen sich irgendwie behelfen. Da bleibt ihnen gar nichts anderes übrig. Und das machen sie so: Sie nehmen nur noch Mineralwasser und damit waschen sie ihre Speisen. Mit ihren kleinen Waschbärenpfoten drehen sie die Drehverschlüsse der Flaschen auf, fertig. Schon haben sie frisches Wasser.

Und woher nehmen sie das Mineralwasser?

Tja, äh . . . das klauen sie aus Supermärkten. Sie huschen blitzschnell unten an der Registrierkasse durch, ohne dass einer was bemerkt, Waschbären sind ja viel kleiner als Hausfrauen, viel schneller und geschickter, und – husch husch – schon sind sie rein in einen Supermarkt und haben Mineralwasser geklaut.

Na gut, zugegeben, es ist nicht immer so einfach und manchmal sogar richtig aufregend. Aber sie sind eben waschechte Waschbären und schaffen das schon, irgendwie. Und wenn sich mal vier Waschbären zusammentun und gemeinsam zupacken, können sie sogar einen ganzen Kasten Mineralwasser abschleppen, und die Beute teilen sie nachher auf.

So hat sich das Leben der Waschbären ziemlich geändert. Immer müssen sie Mineralwasser besorgen, immer wieder, sie müssen sich kleine Vorräte anlegen, dürfen sich nicht erwischen lassen . . . einfach ist das nicht.

Da nehmen die Waschbären alles, was sie kriegen können: Mineralwasser mit Kohlensäure – also dieses Kribbelwasser – oder auch mal ohne Kohlensäure, Plastikflaschen oder Pfandflaschen, das ist denen ganz egal, auch mal französisches Tafelwasser, stilles Wasser – was auch immer.

Und einmal passiert es nun, dass wieder eine Viererbande Waschbären in einen Supermarkt eingedrungen ist und gemeinsam einen Kasten abschleppt mit Flaschen, auf denen steht:

> WODKA
> 40%ig

Das können die Waschbären natürlich nicht lesen. Wieder teilen sie die Beute, schrauben eine der Flaschen auf, waschen erst mal ihre Speisen damit, wie immer, und dann trinken sie zwischendurch einen kräftigen Schluck von dem neuen Wasser, das diesmal schon irgendwie anders schmeckt, doch

doch, das merken die kleinen Bären sofort, aber es schmeckt ihnen irgendwie ganz gut und sie nehmen sich vor nächstes Mal auf diese Sorte zu achten und in Zukunft nur noch solches Wasser zu organisieren.

So, da hocken sie nun, hinter einem Erdschieber, der an einer Baustelle abgestellt ist, wo ein neuer Teilabschnitt der Autobahn gebaut werden soll, und alle trinken sie noch ein paar kräftige Schlucke.

Hm, lecker! Die Bären fangen sofort an zu singen, Lieder von der kleinen Anuschka und von der Wolga, und schon torkeln sie über die Baustelle und können es gar nicht lassen, mehr und mehr von dem neuen Wasser zu trinken. Was ist nur mit den Bären los?

Sie bewerfen sich gegenseitig mit den Schraubverschlüssen und finden das furchtbar komisch. Dann fangen sie an sich russische Namen zuzulegen oder Namen, die ihnen irgendwie russisch vorkommen. Schließlich sind wir Bären, sagen sie sich, jawohl! Die letzten richtigen Bären, und Bären brauchen einfach russische Namen.

Einer nennt sich gleich Stanislaus Iwanowitsch Prawda. Die andern finden das bärenstark und wollen auch sofort solche Namen haben.

Ein anderer Waschbär nennt sich Veruschka Perestroika Gagarin, der dritte nennt sich Boris Puschkinowitz . . . Nee, das ist doch nicht so gut, Puschkinowitz klingt irgendwie doof – also: Boris Schiwagowitz, das ist schon besser. Und weil die russischen Namen alle so lang sind, muss auch noch was drangehängt werden: Boris Schiwagowitz Molotow. Toll! Bärenstark!

Der Vierte im Bunde schließlich nennt sich Igor Nikita Budnikowski. Und wieder fangen sie an sich mit den Schraubverschlüssen zu bewerfen und zu kichern.

Genossen Waschbären!, sagt Stanislaus Iwanowitsch Prawda, was haltet ihr davon, wenn wir diesen Erdschieber da vorne umkippen?

Ja! Ja! Ja!, rufen Veruschka Perestroika Gagarin, Boris Schiwagowitz Molotow und Igor Nikita Budnikowski. Ja! Ja! Ja! Und sie trommeln sich mit ihren kleinen Bärenpfoten auf die behaarte Waschbärenbrust.

Jawohl! Ich begrüße den Vorschlag von Stanislaus Iwanowitsch Prawda, brummt Veruschka Perestroika Gagarin schließlich, diese Erdschieber verschandeln doch nur die ganze Landschaft. Erdschieber sind waschbären-

feindlich wie diese Flugzeuge, guckt euch das doch an, die Wolken sind schon ganz schmutzig, das kommt nur von den Flugzeugen, und wenn ich mal so eins erwische, sag ich euch . . ., und dabei hopst Veruschka Perestroika Gagarin ein bisschen in die Höhe, wenn ich mal so eins erwische, dann beiß ich dem in den Schwanz, ho ho!

Und dann stellen sie sich alle nebeneinander, legen sich gegenseitig die Pfote auf die Waschbärenschulter, gehen in die Hocke und fangen an einen Kasatschok zu tanzen.

Kennt ihr Kasatschok? Zufällig? Das ist so ein russischer Volkstanz. Am besten, man streckt dabei die Arme seitlich aus, um die Balance zu halten, dann geht man in die Hocke und streckt immer abwechselnd ein Bein nach vorne. Gar nicht so einfach und geht unheimlich auf die Muskeln. Die Bären kippen sofort um, rappeln sich aber gleich wieder auf und tanzen weiter, kippen um, tanzen weiter, kippen um, tanzen weiter und grölen dazu, so laut sie können:

Die Bären tanzen Kasatschok!
Der ganze Wald kriegt einen Schock!

Alle singen sofort mit, und es schallt nur noch so durch die Nacht. Da ist wirklich der Bär los. Das hat der Wald noch nicht gesehen – und noch nie gehört. Inzwischen haben sie sogar schon den Text wieder geändert und singen nun:

Wir werden uns wehren,
wir sind die letzten Bären,
die allerletzten Bären,
allerletzten Bären . . .

Und Veruschka Perestroika Gagarin ballt dazu ihre Waschbärenfaust und brüllt dazwischen:

Nieder mit dem Autoverkehr!
Wir kämpfen bis zum letzten Bär!

Der Morgen graut. Die Bären wälzen sich auf dem Boden. Ihnen ist hundeelend. Phhh, ist mir schlecht!, hört man eine stöhnen, einen andern auch, noch einen . . . man weiß gar nicht genau, welcher Bär da gerade wieder stöhnt. Alle stöhnen. Allen ist schlecht. Alle brummen noch halb im Schlaf. Einer macht vorsichtig die Augen auf, aber drückt sie gleich wieder zu, weil er von so einem Morgen lieber doch nichts wissen will.

Kneift mich mal in den Arm, sagt einer der Waschbären, äh, nee, doch nicht, ich hab's mir anders überlegt, kneift mich lieber nicht, bloß nicht, fasst mich ja nicht an, mir tut heute alles weh. Wehe, wenn mich da noch einer anfasst.

Ja, komisch, meine Knochen sind auch irgendwie schwerer als sonst, brummt ein anderer Waschbär, wie kommt das nur?

Frag mich doch nicht so was Schweres am frühen Morgen, muffeln die andern, woher sollen wir das denn wissen?

Ich hab da vielleicht was zusammengeträumt, sagt wieder ein anderer Waschbär, ich hab geträumt, wir hätten alle wunderschöne Namen, ganz lange und so richtig russisch . . . aber ich hab die alle wieder vergessen. Kann sich vielleicht einer von euch noch erinnern?

Woher sollen wir denn wissen, was du geträumt hast?, brummen die andern Bären dazwischen. Alle sind schlecht gelaunt. Nun sind sie sich sogar nicht mehr sicher, ob es nur ein Traum war oder was sonst? Ja, was denn sonst?

Traum oder nicht Traum, nun entscheide dich endlich mal, ja, woher soll ich denn das wissen, entscheide du dich doch, noch dazu so früh am Morgen, wieso soll ich mich denn immer entscheiden, entscheide du dich doch mal . . . und so muffeln sie sich gegenseitig an.

Das muss alles an dem Wasser gelegen haben, bemerkt schließlich einer der Bären und betrachtet noch mal das Etikett der Flasche:

> WODKA
> 40%ig

und alle schwören so eine Flasche nie wieder anzurühren, großes Waschbären-Ehrenwort, nie wieder. So langsam werden sie wach und legen gemeinsam einen feierlichen Schwur ab, so eine Flasche nicht noch mal anzurühren – versprochen!

Einem der Bären tut es immer noch Leid, dass er sich an keinen einzigen Namen mehr erinnern kann, keinen einzigen! Er überlegt und überlegt, aber da ist nichts mehr zu machen.

Ihre Laune wird nun langsam besser, nur sehr langsam. Schließlich sagt einer der Bären: Ist euch eigentlich schon aufgefallen, dass hier kein Erdschieber mehr rumsteht?!

Tatsächlich, da stehen keine Erdschieber mehr.

Stimmt!, sagen die andern Bären, die Erdschieber sind nicht mehr da. Und so langsam erinnern sie sich wieder, dass sie die Idee hatten, die Erdschieber umzukippen – war das nicht so? Hatten sie nicht die Idee gehabt, die Erdschieber umzukippen? Oder? Sag doch mal! Wenn man sich bloß noch erinnern könnte.

Mir ist, als hätten wir das auch gemacht, versucht einer der Waschbären sich zu erinnern. Es kommt mir jedenfalls so vor, als hätten wir . . .

Aber dann würde doch hier ein umgekippter Erdschieber liegen . . ., überlegen die andern.

Hm . . .

Und doch habe ich das komische Gefühl . . .

Komische Gefühle habe ich auch.

Ich meine, ich habe das komische Gefühl, als hätten wir das meiste schon geschafft, gestern Nacht.

Stimmt. So ein ähnliches Gefühl habe ich auch. Als wären wir einen großen Schritt vorangekommen.

Ja, genau.

Doch, da ist was dran.

Hm!

Hm!

Und so rappeln sie sich langsam wieder auf.

Die Bären waschen sich.

Diesmal gründlicher als sonst.

Dann müssen sie auch schon wieder los, Mineralwasser klauen. So ein Waschbärentag ist anstrengend, da kann es sich keiner leisten, morgens lange auf der faulen Haut zu liegen.

Klapper-Doppeldecker

Die meisten Störche waren schon weg. Nur die Winterkrähen hockten noch auf den Drähten. Ja, wer jetzt noch nicht abgeflogen war, musste selber sehen, wie er zurechtkam. Der Winter wollte kommen. Es wurde schon richtig kalt. Und ausgerechnet am Tag vor dem letzten Abflugtermin kam Emma, das kleine Storchen-Mädchen, zu ihrer Freundin Hilde stolziert und fing ganz jämmerlich an zu heulen.

Was ist denn los?, fragte Hilde und legte erst mal einen Flügel um ihre Freundin, um sie ein bisschen zu trösten, wieso gehst du auch zu Fuß?

Hu, heulte Emma, huuu, ich kann nicht mehr fliegen . . .

Was!, klapperte Hilde, das darf doch nicht . . .

Doch, heulte Emma weiter, ich bin in diese Hochspannungsleitung geflogen, abgestürzt und hab mir den Flügel hier . . .

Gebrochen?, fragte Hilde entsetzt.

Nein, ich glaub nicht, schluchzte Emma, schluchzte und schluchzte, gebrochen nicht, nur verstaucht, aber nun kann ich nicht mehr fliegen.

Ach, das wird sich wieder einrenken, halb so schlimm, schnatterte Hilde und streichelte Emma ein bisschen mit dem Flügel, da brauchste nur ein paar Tage Ruhe . . .

Aber wir müssen doch los . . ., schluchzte Emma. Mehr konnte man nicht verstehen, leider, weil alles in Tränen und Gewimmer unterging.

Tja, Emma hatte natürlich Recht: Die Störche mussten aufbrechen in den Süden, nach Afrika, wo sie den Winter verbringen wollten. So eine Reise konnte nicht aufgeschoben werden; es war – wie gesagt – schon sehr kalt geworden in den letzten Tagen.

Ach so, ach so . . ., überlegte Hilde.

Du lässt mich nicht allein, nicht wahr? Emma schluchzte.

Nein nein, natürlich nicht, klapperte Hilde.

Du lässt mich bestimmt nicht allein, nicht wahr? Du bist doch meine einzige

Freundin, und wieder heulte Emma, heulte und heulte. Hochspannungslei-tung, hab ich glatt übersehen, und der Himmel hängt ja voll davon.

Hilde streichelte die arme Freundin, mach dir man keine Sorgen, und über-legte dabei, was sie nun tun sollten.

Fliegen konnte Emma nicht in diesem Zustand, unmöglich; die brauchte jetzt Ruhe, aber hier bleiben konnte sie auch nicht, wenn die Tage immer kälter würden und vielleicht Schnee fiel . . .

Mach dir keine Sorgen, sagte Hilde und klapperte dabei mit ihrem ketschup-roten Schnabel – ja? Was nun?

Am nächsten Morgen versammelten sich wieder Zugvögel aus der Umgebung und stiegen gemeinsam auf, formierten sich und zogen los – Richtung Süden.

Nur Emma und Hilde blieben noch unten auf der Erde hocken und guckten dem Schwarm davonfliegender Vögel traurig nach.

Emma fing wieder an zu schluchzen: Jetzt müssen wir frieren . . . Wir erfrie-ren! Und verhungern obendrein, erst erfrieren, dann verhungern, ach, mei-ne liebste Freundin . . .

Schon gut, schon gut, klapperte Hilde, mir wird schon was einfallen. Und beide sahen zu, wie die letzten Vögel am Horizont verschwanden und nur noch Wolken, als wenn sie es eilig hätten, über den unruhigen Herbsthimmel huschten.

Was sollen wir denn machen?, heulte Emma, wir können nicht hier bleiben.

Tja, schnatterte Hilde, kurz entschlossen, stimmt! Dann fliegen wir eben hin-terher.

Aber aber, weinte Emma, ich kann doch nicht . . .

Dann trag ich dich eben, sagte Hilde, packte Emma an ihrem gesunden Flü-gel und stieg so mit kräftigem Flügelklatschen und Schnaufen ein kleines Stückchen in die Höhe.

Huch, sagte Emma, als sie hochgehoben wurde, huch! Lass mich nicht fal-len, Vorsicht! Das geht doch nicht. So kommen wir aber nicht weit. Du kannst mich doch nicht bis Afrika . . . Huch . . .

Ja, Emma hatte Recht. Sie war viel zu schwer für Hilde. Störche reisen eben ohne Gepäck in den Süden. Hilde schlug noch wie wild mit den Flügeln, war aber schon bald außer Puste. Weit kamen sie wirklich nicht. Vielleicht von hier bis . . . sagen wir mal, von hier bis zur nächsten Kirchturmspitze, so weit etwa, weiter schafften es die beiden nicht.

Hilde setzte Emma vorsichtig wieder auf die Erde und hockte sich selbst auf so ein gelbes Hinweisschild an der Bundesstraße, weil sie von da einen besseren Überblick hatte.

> *Buxtehude   36 km*
> *Fallingbostel 12 km*

Ach, was sollen wir nur machen, heulte Emma.

Schon gut, hhhh, schon, hhhh, gut, sagte Hilde und schnappte nach Luft, mir fällt schon noch was ein . . . Ich glaube, ich habe da eine Idee.

Hilde erspähte nämlich eine Autobahnraststätte.

Los, einmal noch! Und wieder packte sie ihre Freundin am Flügel und hob sie unter großen Anstrengungen noch mal in die Höhe und schleppte so die erstaunte Hilde bis zu der Autobahnraststätte und setzte sie auf einem Fernlaster ab – direkt auf dem Fahrerhäuschen, hinter einer Windschutzblende, wie sie die schnellen, großen Lastwagen haben, damit sie windschnittiger fahren können. Und kaum hatten die beiden Störche es sich gemütlich gemacht, brummte der Laster auch schon.

Huch, rief Emma noch, als die Türen zuklappten, und schon fuhr der Brummi los, und oben hockten die beiden Freundinnen im Windschatten, sahen die Landschaft vorbeifliegen und freuten sich.

Tolle Idee, klapperte Emma.

Ja, und wenn mich nicht alles täuscht, freute sich Hilde und prüfte die Wolken am Himmel, dann geht es in die richtige Richtung, immer nach Süden, Schwein gehabt.

Wir sind vielleicht zwei tolle Zugvögel, was?, sagte Emma, ach Hilde, wenn ich dich nicht hätte . . . Musst sagen, wenn ich dir auf die Nerven gehe.

Und die beiden guckten sich die Landschaft an und sahen die Kilometertafeln nur so vorbeiflitzen. So braust sie fröhlich im Windschatten auf dem Fahrerhäuschen eines Riesenlasters, der aus Norwegen kam.

Bis, ja bis sie am Frankfurter Kreuz in einen Stau gerieten und stecken blieben. Von ihrem Dach aus ließen die beiden ihre Blicke umherschweifen: Autos, nichts als Autos. Emma stolzierte schon ungeduldig auf dem Autodach hin und her – es ging und ging einfach nicht voran, die Autobahn war verstopft.

Und nun?, jammerte Emma, was nun? Die Luft ist auch so schlecht hier . . .

Ich glaube, ich habe da wieder eine Idee, klapperte Hilde. Los, noch einen kleinen Luftsprung, und wieder schnappte sich Hilde die Emma beim Flügel, hob sie weg vom Dach des Fahrerhäuschens und schleppte sie noch ein kleines Stück vom Autobahnkreuz bis zum Flughafen Frankfurt, direkt neben der Autobahn. Da hatte Hilde nämlich ein Transportflugzeug entdeckt, das gerade beladen wurde. Und eh sich die Ladeklappe wieder schloss, gelang es den beiden Freundinnen, noch schnell in den dunklen Bauch des Flugzeugs reinzuschlüpfen.

Nein, nicht da rein, rief Emma noch, da ist es dunkel, und wer weiß . . . wer weiß . . .

Aber da waren sie schon drin. Und nun hockten die beiden im Flugzeug, das schon bald brummte und sich auf der Startbahn zurechtstellte.

Was waren sie doch für verrückte Vögel; erst reisten sie wie die Tramper mit einem LKW bis Frankfurt, und nun waren sie bestimmt die ersten Zugvögel, die sich von einem Flugzeug mitnehmen ließen.

Klappt doch prima, freute sich Hilde, und da hoben sie auch schon ab, und beide spürten sogar im Laderaum die Höhenluft.

Schon bald hatten sie sich an das Dunkel im Laderaum gewöhnt, sie trappelten umher und erkundeten, was denn so geladen war. Trockenmilch, Medizin – nun, die Vögel konnten natürlich nicht lesen, was auf den Kisten stand: HILFSGÜTER FÜR AFRIKA. Und sie konnten nicht wissen, dass es ein Sonderflug war, der die wichtigsten Nahrungsmittel in die umkämpften Hungergebiete einfliegen sollte und der durch eine Spendenaktion finanziert worden war, bei der Kinder Weihnachtspostkarten verkauft hatten – das alles konnten die beiden nicht wissen, doch Hilde meinte:

Meine Schnabelspitze sagt mir, dass wir schon wieder Glück gehabt haben und in die richtige Richtung fliegen, immer nach Süden. Und verhungern werden wir auch nicht, fügte sie hinzu, nachdem sie einen Sack voller Körner entdeckt hatte, die ganz hervorragend schmeckten. Du wirst sehen, Emma, wir werden die andern Zugvögel sogar noch überholen . . .

Und die beiden kicherten und waren ganz aufgekratzt vor Reisefieber. Sie lachten sich ins Flügelchen, als hätten sie einen guten Streich ausgeheckt. So flogen sie dahin.

Plötzlich ein Krachen. Schüsse. Abwehrgeschosse. Gleich noch mal: POING POING. Die Maschine torkelte, trudelte, verlor Höhe. Die beiden blinden Passagiere zuckten zusammen. Das Flugzeug musste notlanden, es wurde immer heißer, auch im Laderaum. Hilde breitete unwillkürlich ihre Flügel aus, als das Flugzeug immer tiefer sackte, so als würde sie selber zur Landung ansetzen. Emma war starr vor Schreck.

Mit Krachen und Ächzen setzte das Flugzeug im Sand auf: Es ruckelte, und im Laderaum purzelte alles durcheinander. Es war heiß, und plötzlich war es still. Von hinten, vom Laderaum aus, konnten Emma und Hilde hören, wie vorne die beiden Piloten schimpften und fluchten.

». . . und du hast auch noch Verständnis für die Rebellen, du Volltrottel«, motzte der Pilot, »Mann, die verhungern hier! Geh mir bloß weg mit Politik.«

Und die beiden Männer im Cockpit schrien sich an und schüttelten sich, als müssten sie sich zur Besinnung bringen. Zwischendurch konnte man einzelne Satzfetzen raushören:

». . . Funkgerät auch kaputt!«

»Da siehste mal wieder . . . Deine Terroristen!«

»Rindvieh!«

». . . selber Bruchpilot . . .«

». . . und wenn wir verdursten?«

»Ist doch kindisch, dein Rumgebrülle, einfach kindisch«, schimpfte der Pilot, »guck lieber mal nach, ob wir im Laderaum was finden, Signalraketen, Lebensmittel.«

»Signalraketen, du spinnst wohl«, brüllte der Kopilot, »wir haben Medikamente, keine Signalraketen.«

Die beiden Störche versteckten sich hinter einem Sack Trockenmilch.

Auweia, klagte und klapperte Emma leise, als einer der Piloten den Laderaum öffnete, es plötzlich hell wurde und die Sonne reinbrannte. Schon hatte der Kopilot die beiden blinden Passagiere entdeckt.

Bleib bei mir, bibberte Emma noch leise.

Und Hilde klapperte: Klar doch!

»Eh, Mann, ich werd verrückt«, rief der Kopilot, »weißte, was wir hier haben? Brieftauben!«

»Brieftauben, du spinnst wohl«, sagte der Pilot und kam nun auch in den Laderaum. »Brieftauben! Das sind doch keine Brieftauben . . . die sehn irgendwie anders aus.«

»Störche vielleicht«, überlegte der Kopilot, »kleine Klapperstörche.«

»Scheißegal, wir benutzen die einfach als Brieftauben.«

Und kaum hatte der Pilot es ausgesprochen, packte sich der Kopilot die Hilde und hielt sie fest. Der Pilot schrieb schnell einen Hilferuf, SOS – SOS, mit Positionsbestimmung, rollte den Zettel zusammen und befestigte mit einem Verpackungsdraht die Nachricht an Hildes Hals. So, dass der Zettel nicht abfallen konnte, aber nicht so fest, dass er Hilde würgte.

»Wir nehmen erst mal eins von den Viechern, das andere behalten wir zur Reserve«, entschied der Pilot. Und sorgfältig setzte nun der Kopilot die verdutzte Hilde in den Wüstensand, damit sie losfliegen sollte.

»Ksch!«, machte er und fuchtelte mit den Händen.

Aber Hilde dachte gar nicht daran, loszufliegen.

»Na los, du dumme Ente, hau ab«, fluchte der Kopilot, »kschsch kschsch!«

Hilde blieb hocken.

»Oh, ich werd wahnsinnig!«, schrie der Pilot. »Das ist ja 'ne lahme Ente, scheuch die weg, die soll endlich losfliegen.«

»Kschschschsch! Kschschschsch!«

Hilde blieb hocken.

»KSCHSCHSCHSCHSCHKSCHSCHSCHSCHSCHKSCHSCHSCH . . .«

Hilde blieb.

»Das ist doch 'ne Taube«, sagte der Kopilot, »die hört nicht, die ist taub, KSCHSCHSCHSCHSCHKSCHSCHSCHSCHSCH!«

Hilde blieb eisern hocken – auch wenn die Männer noch so wild mit den Armen rumfuchtelten. Emma duckte sich hinter die Trockenmilch und jammerte leise klappernd vor sich hin.

Schließlich packte sich der Kopilot wütend die Hilde und warf sie in die Luft, als wollte er sie wegschmeißen.

Emma schloss die Augen – sie konnte das nicht länger mit ansehen.

Und Hilde?

Hilde flog ein bisschen in der heißen Wüstenluft, drehte eine Runde, kehrte wieder vorsichtig um und war wieder da.

»Nein!«, rief der Pilot. »Ich werd wahnsinnig, die kommt zurück. Ein Bumerang ist das, keine Brieftaube!«

»Was sollen wir denn machen?«, fragte der Kopilot. »Die Tiere sind unsere letzte Hoffnung.«

Die Piloten hockten sich in den Schatten, wischten den Schweiß von der Stirn und stöhnten.

Doch als die Männer gerade einen Augenblick nicht aufpassten, flog Hilde auf Emma zu, packte sie wieder am Flügel, klapperte kurz, schnell weg hier, und hob ab, schlug wild mit den Flügeln in der heißen Luft, um Emma wenigstens ein Stück weit zu schleppen.

»Eh, da fliegen sie alle beide!«, sagte der Kopilot. »Guck dir das an, ein Doppeldecker.«

»Doppeldecker! Mach keine Witze, du Rindvieh«, motzte der Pilot, »ein Klapperstorch ist kein Doppeldecker.«

»Ein Klapper-Doppeldecker«, lachte der Kopilot, »ich halt's nicht aus, ein Klapper-Doppeldecker . . .«

»Hör auf zu lachen!«, schnauzte der Pilot. »Die kommen doch höchstens bis zur nächsten Düne, weiter nicht. Das sind lahme Enten, lahm und doof.«

»Und was sollen wir nun machen?«, fragte der Kopilot.

»Ja, das frag ich mich auch . . . Was machen wir nun?«

Hilde und Emma schafften es tatsächlich kaum bis zur nächsten Düne. Die Luft war viel zu trocken, viel zu heiß. Die Sonne brannte unbarmherzig auf das Gefieder der Störche, und kaum waren sie so weit weg, dass die Piloten am notgelandeten Flugzeug sie nicht mehr sehen konnten, da hatte Hilde einfach keine Kraft mehr, und beide landeten weich im Sand.

Und was machen wir nun?, klapperte Emma.

Hilde war noch zu atemlos, um zu antworten, sie stolperte auf den Kamm der Düne, hielt Ausschau und überlegte. Ihr flimmerte es schon vor Augen, so erschöpft war sie, und so traute sie ihren Augen kaum, als sie in einiger Entfernung eine Karawane vorbeiziehen sah: mindestens zwanzig Kamele, manche mit Gepäck beladen, stapften durch den Wüstensand.

Nichts wie hin, schnaubte Hilde, wir haben schon wieder Glück, und beide rasten los – na ja, soweit das möglich ist, dass zwei erschöpfte Störche im Wüstensand losrasen.

Beide waren völlig außer Puste, als Hilde zu einer letzten großen Kraftanstrengung ansetzte, noch mal Emma am Flügel packte und sie hochwuchtete, und beide landeten auf dem letzten Kamel der Karawane, ohne dass die Karawanentreiber, die vorne auf den Leittieren ritten und Orientierung hielten, merkten, dass sich zwei kleine Störche wie Schlusslichter hinten auf dem letzten Kamel niedergelassen hatten, auf jedem Höcker ein Storch.

Die beiden mussten höllisch aufpassen, dass sie nicht abrutschten; denn das Kamel schaukelte wie ein Boot auf hoher See. Es war nicht gerade gemütlich auf dem Buckel dieses Wüstentieres.

Emma hatte mal gehört, dass Kamele ganz gefährlich spucken können, aber hinten auf dem letzten Kamel konnte ihnen nichts passieren – nach hinten konnten die nicht spucken, ein Glück!

Das hatte es noch nie gegeben: zwei Störche, die auf einem Kamel reiten und mit einer Karawane durch die Wüste ziehen.

Wir machen vielleicht was mit, klapperte Emma, die langsam wieder gute Laune kriegte, wie es so voranging und sie aus dem gefährlichen Flugzeug raus waren, weg von den wilden Männern, die mit den Armen fuchtelten. Und jetzt ein kühler Frosch, das wäre was. Wir machen wirklich was mit, echt wahr. Das hat bestimmt noch kein Storch erlebt. Mir gefällt es ja ganz gut, ein bisschen reiten . . . Wir sind schon ein verrücktes Pärchen, nicht wahr, meine gute Hilde?

Doch Hilde biss nur ihren roten Schnabel zusammen und sagte gar nichts.
Wenn wir zusammenhalten, kann uns so leicht nichts passieren, ist es nicht
so, Hilde? Eh, Hilde? Sag mal, was ist denn mit dir los? Du sagst ja gar nichts.
Ist was mit dir? Ist dir nicht gut?

Mir ist kotzelend, klapperte Hilde kurz und biss wieder den Schnabel zusammen.

Bekommt dir das Schaukeln nicht? Hm? Sag mal?, fragte Emma.

Hilde schüttelte nur stumm den Storchenkopf.

Du hättest doch lieber nichts von dem Zeug im Flugzeug naschen sollen, sagte Emma, wer weiß, was das wieder war. Vielleicht ist dir davon schlecht.

Hilde stöhnte nur leise.

Ach Hilde, du Arme . . ., sagte Emma, was machen wir denn nun mit dir?

Ich muss abspringen, schluckte Hilde und verdrehte die Augen, mir ist so
schlecht.

Dann spring ich auch ab, klapperte Emma. Doch Hilde unterbrach sofort:

Nein, nicht mit dem gestauchten Flügel! Du bleibst hocken! So kommst du wenigstens vorwärts, ist doch das Beste für dich. Ich komm dann nach.

Aber ich werd dich doch nicht im Stich lassen, sagte Emma.

Ich schaff das schon, schluckte Hilde, mir ist nur im Augenblick so elend von diesem wahnsinnigen Geschaukel . . . hält ja kein Schwein aus.

Wir beide müssen zusammenhalten, klapperte Emma, du hast mich auch nicht im Stich gelassen, als ich . . .

Ich kann nicht mehr, seufzte Hilde und ließ sich runtergleiten vom Kamel, rief noch im Runterschweben: Bleib du doch wenigstens oben hocken!

Doch auch Emma ließ sich einfach runterplumpsen in den weichen Wüstensand.

Du bist blöd, wollte Hilde noch sagen, war dann aber so schlapp, dass sie sich erst mal lang ausstrecken musste, und sie hatte das Gefühl, dass in ihrem Kopf alles kreiselte.

Emma versuchte ihre Flügel auszubreiten. Der verstauchte Flügel ließ sich

nur mühsam bewegen, aber sie schaffte es, mit dem andern Flügel so zu wedeln, dass sie Hilde immerhin ein bisschen frische Luft zufächern konnte.

In mir dreht sich alles, krächzte Hilde mit absterbender Stimme.

Ach, du Arme, schnatterte Emma, weißte, wenn ich die Flügel in diese Richtung bewege, dann geht's schon wieder . . . Es wird langsam besser.

Uuuh, ist mir elend, stöhnte Hilde.

Da lagen sie nun, die beiden gestrandeten Störche. Die Karawane war weitergezogen, über die Wanderdünen hinweg. Die Sonne brannte nun nicht mehr so stark, und in kurzer Zeit wurde es dunkel. Die beiden kuschelten sich in eine Kuhle, und als die Sterne am Himmel glitzerten – es wird nämlich sehr schnell dunkel, so tief im Süden –, als also die Sterne glitzerten, da ging es Hilde schon wieder besser.

Das kam nur von dem blöden Geschaukel, klapperte sie und krabbelte näher an ihre Freundin Emma. Und beide guckten sich die Sterne an.

Guck mal die Sterne, sagte Hilde, da ist Süden!

Ja, da müssen wir hin, klapperte Emma, latsch, latsch . . .

Und Hilde schnaufte: Na, dann wollen wir mal.

Zufrieden schliefen sie ein und erholten sich in der Nacht in ihrem Wüstenloch.

Ja, dann wollen wir mal – das war leicht so gesagt, leicht so dahingeklappert. Als am nächsten Morgen schon früh die Sonne unerbittlich niederbrannte, machten sich die beiden auf und stolzierten in Richtung Süden. Mühsam stiegen sie die Dünen rauf und wieder runter. Wenn sie mal oben auf einem Kamm waren, hielten sie Ausschau – aber nichts da, nur Wüste, Wüste, Wüste.

Schon nach wenigen Metern hatten die beiden aufgehört miteinander zu klappern, ihnen trocknete buchstäblich das Wort im Schnabel ein. Ihre kleinen Zungen lagen in ihren ausgetrockneten Schnäbelein wie Lesezeichen aus Löschpapier. Überall hatte sich der Sand zwischen ihren Federn festgesetzt und machte ihre kleinen Trippelschritte durch die große Wüste nur noch mühsamer.

Als beide an einem riesengroßen Schild vorbeitorkelten, auf dem eine große Zahl geschrieben war, mit der sie nichts anzufangen wussten, waren sie schon so erschöpft, dass sie schwindlig waren und kleine Sternchen vor ihren Augen tanzen sahen.

Und doch stapften die beiden eisern weiter – verschwiegen und versandet. Keine gab vor der anderen zu, dass sie eigentlich schon viel zu schwach und viel zu müde war. Keine ließ sich was anmerken.

So strauchelten sie weiter, bis sie ohnmächtig wurden.

In einem kleinen Wüstenflughafen, der nur für lokale Flüge genutzt wurde, hockte ein Afrikaner, den alle Monsieur Modibu nannten, weil er beim Flughafen angestellt war und unbedingt Monsieur genannt werden wollte. Monsieur Modibu kauerte in der Sonne und machte gerade große Pause.

Im Augenblick war kein Flug auf dem Plan vorgesehen, und bis zum nächsten hatte er noch viel Zeit zum Dösen – und so döste er ein bisschen vor sich hin. Er traute seinen Augen kaum, als er plötzlich auf der langen Landebahn zwei Vögel heranstolpern sah.

Was war das denn?

Vögel auf der Landebahn? Träumte er etwa? Nein, Monsieur Modibu träumt nicht, sagte er sich und kniff sich sicherheitshalber in den Oberarm. »Aua!« Tatsächlich. Da kamen zwei Vögel – zu Fuß! Na so was! Vögel, die zu Fuß gehen und dann auch noch so, als wären sie betrunken. Da musste Monsieur Modibu einfach loslachen. Da sah zu ulkig aus, wie die Vögel da angewackelt kamen.

Das Lachen verging ihm erst, als er sah, wie die wackeren kleinen Störche ohnmächtig zusammenbrachen und bewusstlos auf der langen Landebahn liegen blieben. Da flitzte Monsieur Modibu los und holte aus der Flughafenbaracke eine Mütze voll Wasser, und als er die beiden Vögel besprenkelte und ihnen seine Mütze mit Wasser zum Trinken hinstellte, da erholten sich die beiden Weltreisenden und kamen langsam wieder zu Bewusstsein. Das Erste, was sie sahen, waren die vielen weißen Zähne von Monsieur Modibu, so viele, dass Hilde im ersten Augenblick dachte, er hätte vier Reihen Zähne.

Nun entdeckte Monsieur Modibu auch, dass Hilde eine Botschaft um den Hals hängen hatte, und vorsichtig drehte er den Draht auseinander und befreite Hilde vom Zettel. Dann lief er über die Landebahn zur Baracke zurück und redete sofort mit dem Funker:

»Voilà, regardez: une information!«

»Vraiment! Ça vient d'où?«

»De deux oiseaux.«

»Oh, làlà!«

Die Störche verstanden natürlich nichts. Die beiden Flughafenangestellten redeten auch so wild durcheinander, dass man schon fast denken konnte, sie würden um die Wette singen.

Dann kam Monsieur Modibu zurück, lachte wieder und packte sich die beiden Störche, die gar keine Angst vor ihm hatten, lud sie hinten auf seinen Jeep und brauste mit ihnen davon. Der Funker winkte noch hinterher, und man konnte sehen, wie er in sein Funkgerät reinsprach und sich den Kopfhörer aufsetzte.

Monsieur Modibu brachte die beiden Störche zu einem Wasserloch, wo es rundherum grüne Pflanzen gab, und ließ sie laufen. Hier waren viele Tiere; ja, sogar ein paar Störche, die Emma und Hilde noch aus Schleswig-Holstein kannten. Und Frösche gab es, frische Frösche!

Was? Wie kommt ihr denn hierher? Hattet ihr einen guten Flug? So fragten die Störche, als Monsieur Modibu seinen Jeep startete und wieder in Richtung Flughafen davonknatterte.

Tja, sagte Emma, das ist eine lange Geschichte – und eine lange Reise. Wenn ich meine Freundin Hilde nicht gehabt hätte, dann hätte ich das nie geschafft, und dabei breitete Emma ihre Flügel aus und umarmte Hilde. Siehste, geht schon, ich krieg die Flügel schon wieder richtig auseinander, so . . . ach, liebste Hilde, wenn ich dich nicht gehabt hätte . . .

Ja ja, schon gut, schnatterte Hilde.

Die Flügel sind jetzt auch schon wieder viel beweglicher, sagte Emma, die sind bald wieder richtig gut.

Da freuten sich die Störche. Hilde und Emma erfrischten sich und ruhten sich noch ein wenig aus – nun war es geschafft. Noch am selben Tag, nach Sonnenuntergang, sobald die Hyänen weg waren, sollte eine große Wasserloch-Party steigen, zu der, wie jedes Jahr, auch Pelikane und Flamingos erwartet wurden. Ja ja, die Pelikane, die immer mit ihrer großen Klappe. Und die rosaroten Flamingos, was die sich immer einbildeten . . . nun ja, diesmal hatten die Störche auch einiges zu erzählen.

Erst aber ruhten sie noch ein wenig aus.

Die wüsten Mäuse

Wenn ihr sofort aufhört, rumzutoben und rumzuhopsen, erzähle ich noch die Geschichte von einer wilden Mäusebande, aber dann müsst ihr auch Ruhe geben . . . einverstanden?

Also, die wilde Mäusebande. Papsi, Pepsi, Popsi, Pupsi, Poppel und Peppel, die Zwillingsmäuse, Pöpsi und Pitti.

Was? Wieso? Kann sich keiner merken? Wieso nicht? Ist doch ganz einfach: Papsi, Pepsi, Popsi, Pupsi, Poppel und Peppel, die Zwillingsmäuse, Pöpsi und Pitti. Ach so, und dann noch Pepe, der war aber gerade unterwegs, Überlebenstraining; und Pipsi, aber Pipsi war schon tot, Mutprobe. Pipsi wollte nämlich unter einem Rasenmäher durchlaufen.

Also bloß Papsi, Pepsi, eins, zwei, Popsi und Pupsi, drei, vier, die Zwillingsmäuse, macht zusammen sechs, plus Pöpsi und Pitti, ergibt acht. Acht wilde Mäuse. Die Bande der wilden, wüsten Mäuse . . .

Quatsch! Keine Wüstenmäuse. Wilde und wüste Mäuse! Die lebten nicht in der Wüste, die lebten in einem alten Reisekoffer, der auf einem Kleiderschrank rumlag bei den Eheleuten Oehlerking. Da wohnten die Mäuse, jedenfalls tagsüber, da ruhten sie aus. Aber in jeder Nacht gab es Rambo-zambo, wilde und wüste Streiche, Mäuse sind bekanntlich nachtaktiv, und die waren hyperaktiv, diese Mäuse. Die wildesten Mäuse weit und breit, eine mu-Tiger als die andere.

In einer Nacht zum Beispiel – da könnt ihr mal sehen, was da los war – rannten alle Mäuse raus aus der Wohnung, rauf aufs Dach, angeführt von Pepsi, der Spezialistin für Abenteuer unter Wasser. Es stürmte und regnete draußen; in der Dachrinne hatte sich schon ein richtiger kleiner Strom gebildet, gerade richtig für tollkühne Mäuse.

Mir nach, piepste Pepsi und stürzte sich in die reißende Flut in der Dachrinne, die Riesenrutsche runter, Bahn frei Kartoffelbrei! Aloa, ohe!

Und die andern hinterher: Papsi, Popsi, Pupsi, Poppel und Peppel, Pöpsi – nur Pitti nicht, der war das zu gefährlich.

Doch die andern rauschten mit Karacho die Dachrinne lang, FLOTSCH, die Riesenrutsche an der Hausfassade runter, PLATSCH, unten in die Regentonne rein – schwimmen können sie ja, die Mäuse –, und schon krabbelten sie platschnass und quietschvergnügt wieder raus.

Das macht Laune, aloa, ohe!, piepte Pepsi, und alle rasten wieder rein ins Haus, wo Pitti schon mit einem Geschirrhandtuch auf die nassen Kumpels wartete.

Trocknet euch erst mal ab, quiekte Pitti, sonst erkältet ihr . . .

Nein, erst über die Bettdecke!, quieckte Papsi, von allen Profi-Papsi genannt, dazwischen, und alle stimmten sofort ein:

Klasse Idee, Pip, Pip, Pip, und sofort rasten sie, tropfnass, wie sie waren, quer über die Bettdecke von Herrn und Frau Oehlerking. Die schnarchten friedlich weiter und merkten gar nicht, wie die Bande wüster Mäuse kleine, feuchte Pfotenabdrücke hinterließ. Und aus lauter Jux und Tollerei rasten die Mäuse rauf auf den Nachttisch, drehten eine Ehrenrunde rund um das Glas, in dem Herr Johann Oehlerking über Nacht seine dritten Zähne aufbewahrte, und dann hechteten sie runter auf den Bettvorleger.

Abtrocknen, piepte Pitti wieder und zog das Geschirrhandtuch hinter sich her, sonst erkältet . . .

Doch sie wurde überpiept von den andern, die sofort in die Küche rasten, immer rauf auf den Toaster. Da hockten sie sich nebeneinander und ließen ihre Schwänze in den Schlitz reinbaumeln, aus dem zum Frühstück die braun gebrannten Toastbrote hochschnellten. Nur Pitti musste unten bleiben, den Toaster einschalten und denen da oben ordentlich einheizen.

Mal sehen, wer seinen am längsten . . ., quiekte Pepsi. Ja, so waren sie, die Mäuse – typisch! Immer neue Streiche, typisch! Und immer mussten sie sich gegenseitig übertrumpfen.

Und da sprangen auch schon die ersten ab und zogen ihre Schwänzlein ein, und nur noch die Zwillinge Poppel und Peppel blieben eisern oben hocken, auch als es schon anfing, zu stinken. Die andern waren begeistert, quiekten, piepten und applaudierten. Von den Zwillingsmäusen würde keine zuerst nachgeben wollen, das war klar. Höllenhitze! Rauchwolken stiegen auf.

Schließlich konnte Pitti es nicht mehr mit ansehen und schaltete den Toaster ab.

Unentschieden!

Poppel und Peppel zogen mit strahlendem Siegerlachen ihre schwarz verkohlten, angeschmorten, eingeschrumpelten Schwänze wieder raus. Dieser Heldenmut aber auch – einfach Wahnsinn.

So, jetzt ich wieder, kündigte Profi-Papsi an, eine Mutprobe, die mir so leicht keiner nachmacht. Aber da müsst ihr mucksmäuschenstill sein.

Okay okay, alle tapsten und trippelten leise wieder ins Schlafzimmer zurück. Man hörte nur leises Schnarchen. Profi-Papsi bestieg die Bettdecke, psss psss, und die andern mussten unten auf dem Bettvorleger bleiben und von da aus zugucken, was Papsi plante. Der schlich vorsichtig an das Gesicht von Herrn Oehlerking, der bei geöffnetem Mund ahnungslos weiterschnarchte – ganz nah ran. Dann krabbelte Mäuserich Papsi bis an die Lippen und – die andern konnten es kaum fassen – steckte seinen Mäusekopf in den Mund von Johann Oehlerking, so wie manchmal ein Raubtierdompteur seinen Kopf in den Rachen eines Löwen steckt. Wahnsinn!

Husch husch, sausten die Mäuse nach getaner Tat wieder zurück in ihren alten Reisekoffer. Mann-oh-Maus, war das wieder eine Nacht, piepte Pepsi, schwer was los.

Tja, piepte Pitti leise, wenn das Pepe noch gesehen hätte. Pepe war ja nicht dabei – schade schade –, machte immer noch das Überlebenstraining, Härtetest, hatte sich in einen Kühlschrank reingeschmuggelt und behauptet, bei dem Käse könne man es ewig und drei Tage aushalten.

Na ja, vielleicht war Pepe schon bald wieder mit dabei.

In der nächsten Nacht wurde noch wüster rumgefetzt. Die Mäuse hatten sofort gemerkt, dass die Eheleute Oehlerking nicht zu Hause waren, und da war natürlich der Teufel los.

Die Mäuse stürzten sich auf den Plattenspieler. Pitti musste immer wieder auf

die ON-Taste drücken, damit die Platte sich drehte, und die Mäuse hechteten auf das Plattenkarussell, torkelten, bis sie schwindelig wurden, stolperten, purzelten, stießen dabei gegen den Tonarm und verkratzten die ganze Howard-Carpendale-Platte. War denen doch egal. Die sprangen immer wieder auf die drehende Scheibe und konnten gar nicht genug kriegen, lauter! Lauter, brüllten die Zwillinge, lauter! Und Pitti suchte den Regler für die Lautstärke.

Einmal in die Wäschetrommel rein, Vollwaschgang, ah, davon träume ich ja . . ., schwärmte Pepsi und taumelte über den Plattenteller wie ein sturzbesoffener Seemann bei Windstärke neun, aber da kommt man ja nicht ran, an so was.

Aloa, ohe, brüllten Poppel und Peppel ganz aufgekratzt und kullerten sich vor und zurück über die Platte. Katzen sind zum Kotzen, grölten sie im Chor, kitzel-katzel-kotzen. Und die Mäuse lachten sich kringelig.

Auch Pitti piepte ihr Lieblingslied dazwischen:

Wenn ich mal groß bin, wenn ich mal groß bin,
dann beiße ich die Katze tot,
damit ich die endlich los bin . . .

Und wieder lachten die andern Mäuse, ja ja, ausgerechnet du, Pitti. Und weiter wurde rumgetobt.

Los schneller, quäkte Pupsi, der sich auf Elektrokabel spezialisiert hatte, schneller schneller, wenn das nicht schneller geht, beiß ich die Kabel durch. Und Pupsi hatte tatsächlich schon so manches Kabel durchgebissen; ja, sogar Batterien angeknabbert: Manchmal kribbelt es eben und manchmal nicht, das war seine Devise, so war Pupsi; und er wollte gerne, dass man ihn Elektro-Papst nennt, Elektro-Papst Pupsi-Pup der Erste. Schneller, schnaufte er, schneller! Und die andern Mäuse brüllten im Chor:

In diesem Gehäuse
wüten die Mäuse!

Und sie brüllten sich dabei schier ihre kleinen Mäuseseelen aus dem Hals. Jetzt bin ich aber dran, quiekte Popsi, die mutige Hochseilmaus, die schon riskante Balancierakte geboten hatte, gerade vor kurzem erst eine halsbrecherische Leistung auf dem Duschvorhang. Los raus, ich geh auf die Hochspannungsleitung und balanciere zu den Sternen.

Nein, piepte Pitti dazwischen, das geht zu weit.

Aber keiner hörte auf Pitti, und alle torkelten grölend raus in die klare Nacht und sahen zu, wie Popsi, die Artistenmaus, am Hochspannungsmast hochkletterte. Alles jubelte, quietschte und applaudierte, als Popsi oben ankam – plötzlich runterstürzte und sofort tot war.

Ich hab's ja gleich gesagt, piepte Pitti leise, aber die andern murrten nur: Halt dein vorlautes Mäusemaul, und sie bedeckten die abgestürzte Popsi mit welken Blättern und verzogen sich mit eingekniffenen Schwänzen in den Koffer.

Morgen geht es weiter, piepte Profi-Papsi etwas leiser als sonst, bei uns ist jede Nacht die Hölle los, Spiel ohne Grenzen.

Und so war's dann auch! Herr und Frau Oehlerking hatten doch glatt vergessen den Tisch abzuräumen, und da standen noch halb leer getrunkene Weingläser, Schälchen mit gesalzenen Erdnüssen, Käsehäppchen (!), Salzstangen, Rusti-Krustis und Knacki-Pappis.

Die Mäuse knabberten drauflos, und als Pitti auch auf die Tischplatte hochgekraxelt kam, hatten die andern schon alle Käsehäppchen weggespachtelt und nur noch die Salzstangen übrig gelassen. Und da hopsten auch schon die ersten in die Weingläser, schlürften alles aus; und Pepsi, Spezialistin für Abenteuer unter Wasser, war als Erste besoffen, grölte unanständige Schiffsrattenlieder, torkelte über den Tisch, kotzte in den Aschenbecher, aloa, ohe, und kippte ein Glas um.

Und da fingen Poppel und Peppel, die Zwillingsmäuse mit den angekohlten Schwänzen, schon an mit vereinten Kräften Gläser und Schälchen vom Tisch zu schieben, KLIRRR und PLETSCH.

Los, alles runter, Schiebung, Schiebung, brüllten sie, allemaus mitschieben, du auch Pitti! KLIRRR, PLETSCH.

Da?! Achtung!

Was war das?

Geräusche aus dem Nebenzimmer – Licht wurde angeknipst –, Herr Oehlerking nahte.

Achtung! Achtung! Allemaus in Deckung, piepte Profi-Papsi, und obwohl die meisten sturzbesoffen waren, rasten sie husch husch unter das Schrankbuffet und sahen von ihrem Versteck aus zu, wie Johann Oehlerking verschlafen im Wohnzimmer stand und sich die Augen rieb.

»Nanu«, sagte er, »nanu?«

Und wie er sich kopfschüttelnd die Bescherung ansah, gaben sich Pepsi, Profi-Papsi und Pöpsi Geheimzeichen: Die Gelegenheit, flüsterten sie und huschten als kleines Einsatzkommando unbemerkt raus aus dem Wohnzimmer, rein ins Schlafzimmer, wo Frau Elfriede Oehlerking friedlich schlummerte. Blitzschnell stiegen sie auf den Nachttisch von Herrn Oehlerking und schoben mit vereinten Kräften das Glas mit den künstlichen Zähnen, die da mit einer Kukident-Brausetablette im Wasserglas auf dem Nachttisch lagen, runter, KLIRR – da lag das Gebiss in den Scherben.

Und gerade als Herr Oehlerking zurückkam und »Nanu, so viel hab ich doch gar nicht getrunken« murmelte, da waren die drei Mäuse von ihrem Spezialeinsatz schon wieder zurück und meldeten den andern unterm Schrank: Aktion geglückt! Gebiss kaputt! Weitermachen! Etwas leiser bitte!

Aloa, ohelein, quiekte Pepsi nun etwas leiser, ich hab die beste Wasserrutsche aller Zeiten entdeckt, los, alle mit ins Bad, da hört uns auch keiner. Und alle Mäuse trippelten ins Bad.

Ein Glück, der Klodeckel stand offen. Pepsi kletterte an der Toilette hoch und ließ sich reinfallen wie in einen Swimmingpool, quietschte vor Vergnügen und drehte den andern eine lange Nase. Nun musste sie nur noch morgens auf Frau Oehlerking warten, die immer als Erstes zur Toilette ging und – flutsch, rutsch, ab geht die Post.

Die Mäuse waren himmelhoch jauchzend begeistert: Tolle Idee, echt besser als die Dachrinne. Na, dann guten Rutsch! Es lebe Pepsi, Spezialistin für Abenteuer unter Wasser.

So, jetzt bin ich aber dran, quiekte Pöpsi dazwischen, kletterte auf das Regal unter dem Spiegel, wo allerhand Salben und Cremes lagen, und warf eine rote Tube runter:

Zur Anwendung bei Mückenstichen, Juckreiz,
Entzündungen. Nur zur äußerlichen Anwendung.

Das werde ich jetzt auf ex saufen, quiekte sie, müsst ihr nur alle mit draufdrücken.

Und dann drehte Pöpsi den Deckel auf, steckte sich die Öffnung in den Mäusemund, und alle Mäuse mussten mit auf die Tube drücken.

Los, mach mit, Pitti, hier müssen alle mit draufdrücken, grölten Poppel und Peppel, trampelten auf der Tube rum und Pöpsi schluckte und schluckte. So drückten die Mäuse die ganze Tube leer; ja, Pöpsi sah richtig ein bisschen dicker aus, als die Tube ausgequetscht war.

Was ist das überhaupt für 'n Zeug, wollte Pitti wissen, aber die andern quiekten nur:

Egal! Hauptsache, verboten!

Plötzlich verdrehte Pöpsi die Augen.

Lecker?, fragte Peppel noch, aber Pöpsi schüttelte sich, warf sich auf den Rücken, die Härchen standen ihr zu Berge, und weißer Schaum bildete sich vor ihrer Mäuseschnauze.

Leichtes Magenkneifen, piepte Profi-Papsi in die Stille hinein; denn mit einem Mal waren alle Mäuse still geworden, und alle halfen mit Pöpsi vorsichtig zurück in den Koffer zu transportieren. Pitti holte noch ein Geschirrhandtuch aus der Küche und damit deckten sie Pöpsi zu, die nicht mehr aufhören wollte zu zittern.

Nur Mut, Pöpsi, kleine Magenverstimmung, das wird sich wieder geben, quiekte Profi-Papsi, und auch die andern Mäuse versuchten der armen Pöpsi etwas Mut zuzusprechen, sie etwas aufzumöbeln; und so erzählten sie von früheren Heldentaten:

Weißt du noch, wie wir Papier angefressen haben, damals, Mann-oh-Maus, Pöpsi, das waren Zeiten. Wenn man Bücher anknabbert, das ärgert die Menschen, aber wenn man Briefe anknabbert, drehen sie durch. Echt. Und weißte noch, wie wir Frauen erschrecken konnten, früher, dass sie auf die Stühle sprangen und ihre Röcke rafften, da war was los. Heute tragen die ja alle Jeans . . . weißte noch? Wir waren so ein tolles Team, eine wilde Bande, wüste Mäuse, die beste Bande aller Zeiten. Weißt du noch die Hochseilnummer auf dem Duschvorhang?

Und jetzt ist Pöpsi tot, quiekte Pitti dazwischen.

Halt die Mäuseschnauze, quiekten die Zwillinge, da kannst du gar nicht mitreden. Und außerdem hast du auch mit auf die Tube gedrückt.

Und weißt du noch, wie unser mobiles Einsatzkommando das Gebiss runtergeschoben hat, das war doch das Beste, und wie wir alle gemeinsam die Dachrinne runtergerutscht sind, aloa, ohe – das war auch das Beste, und wie wir dann alle unsere Schwänze in den Toaster steckten, das war auch das Beste . . . Sofort fingen die Zwillingsmäuse wieder an zu streiten, wer es eigentlich länger auf dem Toaster ausgehalten hatte, damals, und schließlich musste Profi-Papsi eingreifen, die beiden Streithähne trennen und versprechen, dass man das Duell wiederholen würde . . . Und so erzählten sich die Mäuse von alten Heldentaten, nur Pöpsi piepte keinen Piep mehr, wimmerte nur leise vor sich hin und zitterte am ganzen Körper.

Du aber bist die mutigste Maus von allen, sagte Profi-Papsi und versuchte Pöpsi aufzumuntern, die ganze Tube leer gesoffen, das macht dir keiner nach.

Nee, das macht dir keiner nach, stimmte Pupsi zu, die Tube ist leer.

Und Pöpsi lag nur da, und immer mehr Schaum bildete sich vor ihrem Mäusemund.

Eh, und morgen will Pupsi mal wieder ein Kabel durchbeißen. Wir werden ihn Elektro-Papst Pupsi-Pup den Ersten nennen, Starkstrom, alles andere kannste eh vergessen, da musst du unbedingt mit dabei sein, bis dahin haben wir dich schon wieder hingekriegt, altes Häuschen, pass mal auf!

Genau, sagte Pupsi, manchmal kribbelt es, und manchmal kribbelt es nicht.

Ja ja, riefen die andern, morgen, wenn Pupsi-Pup der Erste seine Kabel-Show macht, dann biste wieder voll dabei, topfit, das wird dich vom Hocker reißen, das hat die Welt noch nicht gesehen, die absolute Übernummer, ein Wahnsinnsding, da freuen wir uns alle wie die Sau, das wird der absolute Knüller, der Superhit des Jahres, die rattengeile Obersause, da legste die Ohren an, wirste sehn.

Und wie die Mäuse so in ihrem Koffer von alten Zeiten schwärmten, da wachte Frau Oehlerking auf, schlurfte zum Bad, machte Licht an und . . . stieß einen Schrei aus, dass sofort Herr Oehlerking wach wurde. Er hörte, wie die Toilettenspülung rauschte. Frau Oehlerking verkroch sich sofort wieder ins Bett.

»Eine Maus, eine Maus!«, rief sie.

»Was? Wo?«, fragte Herr Oehlerking.

»Ich hab sie runtergespült«, sagte Elfriede Oehlerking und schüttelte sich.

»Hm?«, brummte Herr Oehlerking, »runter – was? Runter – wie bitte?« Er war noch nicht ganz wach. »Was ist denn los? Warste auf der Toilette?«

»Jetzt muss ich nicht mehr«, sagte Elfriede Oehlerking und blieb steif wie ein Stock im Bett liegen.

Am nächsten Abend war Pöpsi tot. Die Mäuse trugen sie aus dem Koffer und betteten sie in eine weiche, flauschige Höhle, in einen Hausschuh, den sie unten im Schlafzimmer fanden. Dann brachen sie auf zum Sicherungskasten, wo Pupsi schon seine spektakuläre Aktion vorbereitet hatte.

Wollen wir nicht lieber warten, bis Pepe wieder dabei ist und Pepsi wieder aufgetaucht ist, quiekte Pitti und schluchzte plötzlich: Schade, dass Pöpsi das nicht miterleben kann, die arme Pöpsi . . .

Ja, schade, sagten die andern Mäuse, schade schade, Marmelade.

Ruhe, quiekte Profi-Papsi, bei uns ist jede Nacht die Hölle los. Und dann sahen sie zu, wie Pupsi sich langsam am Kabel zu schaffen machte. Er hatte schon ein bisschen vorgeknabbert und erklärte, dass der Trick dabei sei, zwei verschiedene Kabel blank zu knabbern und beide zusammen in den Mund zu stecken:

Manchmal kribbelt es eben, und manchmal kribbelt es nicht. Und da steckte sich Pupsi zwei blanke Drähte in den Mund . . .

Zuck. Ein Blitz!

Pupsi wurde von einem Zittern gepackt, dass sich das Schwänzchen aufzwirbelte wie ein Korkenzieher. Pupsi war sofort tot.

Den fass ich nicht mehr an, quiekte Pitti, der ist bestimmt noch geladen.

Schweigend stiegen die Mäuse zurück in den Koffer.

Ja, die Mäuse waren nun etwas ruhig geworden. Poppel und Peppel bemerkten, dass es jetzt nur noch halb so viel Spaß machte – es waren auch nur noch halb so viele Mäuse. Dennoch wollten die Zwillinge nun endlich ihr historisches Duell auf dem Toaster wiederholen, Poppel gegen Peppel, Kampf der Giganten – am besten gleich morgen.

Mitten am Tag wurden sie von einem durchdringenden Schrei geweckt. Frau Elfriede Oehlerking war vor dem geöffneten Kühlschrank in Ohnmacht gefallen, und Herr Oehlerking war gerade dabei, eine mit dünnem weißem Raureif überzogene, steif gefrorene Maus aus dem Kühlschrank zu entfernen; und als seine Frau aus der Ohnmacht erwachte, musste er versprechen, den Kühlschrank vollständig abzutauen und endlich »grundsätzliche Maßnahmen« zu ergreifen.

»Die tanzen uns sonst noch auf der Nase rum«, schimpfte Frau Oehlerking.

»Jetzt übertreib nicht schon wieder«, murrte Johann Oehlerking, »warum musst du immer gleich übertreiben?«

»Und wenn du Fallen aufstellst«, schimpfte Frau Oehlerking weiter, »musst du die auch nachher wieder wegräumen.«

»Ja ja . . .«

»Und das Knabberzeug musst du auch wegschmeißen, wenn die da rangegangen sind, dann kann man davon nichts mehr essen.«

»Ja ja . . .«

In der nächsten Nacht waren tatsächlich Fallen aufgestellt. Als Profi-Papsi und Pitti aus dem Koffer krabbelten, um nach Poppel und Peppel zu suchen, die schon ungeduldig aufgebrochen waren, um sich mal den Toaster zur Brust zu nehmen, da entdeckten sie die Zwillingsmäuse tot und zerquetscht – sie waren direkt in die Falle gelaufen.

Oh nein, piepte Profi-Papsi, voll von vorne rein, und ich habe das denen schon so oft erklärt. Man darf doch nicht voll von vorne . . .

Nein, seufzte Pitti, darf man nicht, ich würde nie was machen, was man nicht darf.

Oh nein, Papsi schlug die Pfoten über dem Kopf zusammen, Poppel und Peppel waren einfach nicht zu bremsen, einfach nicht zu bremsen. Und dann erklärte Papsi, dass es immer den Heldentod bedeute, wenn man direkt von vorne in die Falle gehe; der Trick sei der, sich von hinten an den Speck anzuschleichen, ganz auf Nummer sicher. Und dazu ernteten Pitti und Profi-Papsi den Speck aus den zugeschnappten Fallen, wobei der armen Pitti die leckeren Bissen fast im Mäusehals stecken bleiben wollten.

Betrübt zogen sich die beiden in ihren Koffer zurück.

Jetzt sind wir ganz allein, jammerte Pitti, falls Pepsi nicht noch mal auftaucht . . .

Die taucht nicht wieder auf, piepste Profi-Papsi und wirkte mit einem Mal auch ganz niedergeschlagen.

Die arme Pepsi, schluchzte Pitti, die arme Pepsi, Spezialistin für Abenteuer unter Wasser.

Profi-Papsi sagte keinen Piep mehr.

Pitti schluchzte immer noch: Alle haben ihren Heldenmut unter Beweis gestellt, alle alle, nur ich nicht . . .

Ist auch nicht nötig, piepte Profi-Papsi kurz angebunden dazwischen und dachte schon darüber nach, dass die guten Tage nun wirklich vorbei waren. Papsi kannte sich aus mit dem Mäuseleben. Und er wusste, dass die Fallen nur das erste schlimme Zeichen waren. Gift ist schlimmer, dachte Papsi düster, viel schlimmer. Und wenn die Menschen sehen, dass die Fallen leer gefressen sind, werden sie Gift streuen . . .

Als Papsi aus seinen trüben Gedanken am nächsten Abend erwachte, war Pitti schon aufgestanden. Papsi suchte in der Küche und – wie er befürchtet hatte: Pitti steckte in einer Mausefalle, noch nicht tot, aber vom Bügel festgeklemmt, mit gebrochenem Rückgrat, eingequetscht. Pitti hatte versucht seitlich in die Falle zu steigen.

Au au, stöhnte Pitti, ich wollte auch mal eine Mutprobe . . ., sie konnte kaum noch quieken, ich bin nicht von hinten auf Nummer sicher, oh nein . . .

Sehr kühn, quiekte Profi-Papsi, das macht dir keine nach, so von der Seite . . .

Nicht wahr, Profi-Papsi, hauchte Pitti, jetzt kann ich doch auch mitreden . . .

Klar doch, sagte Papsi, du kannst auch mitreden. Sowieso.

Ich bin vielleicht nicht die Beste, hauchte Pitti weiter, aber . . . auch ziemlich gut, nicht wahr? Ziemlich gut . . .

Klar doch, klar.

Papsi, weißte was, stöhnte Pitti, ich hab dich immer bewundert, au au . . .

Ja ja, schon gut.

Nun, Papsi, bist du ganz allein . . ., hauchte Pitti noch.

Und Profi-Papsi quiekte noch auf die arme, dahinsiechende Maus ein:

Mach dir doch um mich keine Sorgen, Pepsi wird bestimmt wieder auftauchen, ganz klare Sache, und dann werde ich der Pepsi aber erzählen, was du für eine Heldenmaus bist, wer macht so was schon, seitlich in die Falle . . .

Doch da war Pitti schon tot.

Profi-Papsi holte sich eine Gabel und schlug wütend auf alle Mausefallen, so, dass sie zusammenschnappten. Dann erntete Papsi alle Fallen ab und brachte die Köder in den Koffer.

Nun sind die wilden Tage vorbei, dachte er; wenn die Menschen die Bescherung in der Küche sehen, dann werden sie bestimmt Gift einsetzen.

Aber mich, dachte Profi-Papsi, werden sie trotzdem nicht kriegen, mich nicht.

Gute Nacht, Murmeltier

Na? Wie ist es? Was wissen wir vom Murmeltier?

Die können pfeifen, ungefähr so: PFIEFF, und bauen sich Höhlen in den Berg, wo sie gemeinsam Winterschlaf halten, und wenn der Winter mal sehr kalt und streng wird, dann rücken alle noch ein bisschen enger zusammen – so ist das bei denen.

Ich will euch nun von einem kleinen Murmeltier aus Oberammergau erzählen, dem ein großes Unglück passierte. Es wurde nämlich von einer Steinlawine erwischt, betäubt und ins Tal gerissen, bewusstlos.

Die andern Murmeltiere suchten bis zum späten Abend nach dem kleinen Murmeltier, suchten die ganze Gegend ab, bis runter zur Romanshöhe, fanden es aber nicht und glaubten, es sei tot. Traurig verkrochen sich die Murmeltiere wieder in ihre Löcher.

Es war aber nicht tot, lag nur bewusstlos unten im Tal. Und wurde am nächsten Morgen auch gefunden, aber nicht von den Murmeltieren, sondern von Kindern, von Lasse, Lea und Marie. So hießen die Kinder. Lasse sollte im nächsten Jahr schon zur Schule gehn und Lea und Marie waren seine Schwestern; die waren zwar jünger, dachten aber, sie seien schon viel schlauer.

»Wenn es nicht stinkt, dann ist es auch noch nicht tot«, sagte Lea.

»Und wenn's tot ist«, sagte Marie, »wird ihm das Fell über die Ohren gezogen. Da werden Pelzmützen draus gemacht für die russischen Soldaten.«

»Nein!«, rief Lasse, »das ist meiner. Ich hab den zuerst gefunden. Den geb ich nicht mehr her.« Und er steckte das arme Tier in eine Plastiktüte und trug es nach Hause in die Garage. Da fanden sie einen ausrangierten Vogelkäfig. Zwar war das Murmeltier kein Vogel, passte aber ganz gut in den Vogelkäfig rein und sah darin aus wie ein Raubtier im Gitterkäfig.

Wie ein totes Raubtier allerdings. Es bewegte sich nämlich nicht. Die Kinder standen drum herum und wussten auch nicht, was sie nun machen sollten.

»Das Tier ist tot, mausetot«, sagte Marie gerade, da bewegte sich das Murmeltier ein bisschen . . .

»Hurra! Er lebt!«, rief Lasse.

»Woher willste überhaupt wissen, dass es ein Männchen ist?«, fragte Lea.

»Bei Murmeltieren kommt es darauf nicht an«, sagte Lasse, »der braucht jetzt erst mal was zu essen.« Und Lasse wollte ihm gleich sein Milky Way anbieten, aber das Murmeltier wollte nichts fressen.

»Es nimmt nichts von dir«, sagten die Mädchen, »siehste! Das Tier ist sowieso Vegetarier, das frisst Heu und so was.«

»Aber das ist meiner«, sagte Lasse, »ich hab den zuerst gefunden. Der heißt jetzt Caesar.«

»Doofer Name!«, riefen die andern und machten den Vorschlag, das Murmeltier Moppel zu nennen, Winnetou oder Madonna. Marie meinte, man sollte das Tier einfach Marie nennen, das sei nun mal weit und breit der beste Name. Weitere Vorschläge waren: Muckelputzi, Kennedy, Schnuffel, Rosi, Rumpelstilzchen, Florian und Hektor, aber sie konnten sich einfach auf keinen Namen einigen. Lasse schlug noch Messner vor, aber das fanden die andern auch doof – jeder fand die Vorschläge der andern doof.

Und dann legten sie erst mal eine alte Fußmatte als Decke über den Vogelkäfig und holten Essen für den kleinen Vegetarier.

»Ein Vegetarier frisst, was am Wegesrand wächst«, sagte Marie, »deshalb nennt man sie auch Vegetarier.« Und sie holten Brennnesseln, Löwenzahn, Mohrrüben und Gräser.

Ja, die Kinder freuten sich, dass sie nun einen neuen Spielgefährten hatten, und schworen keinem zu verraten, wo sie das Murmeltier versteckt hielten, großes chinesisches Ehrenwort; denn sie mussten fürchten, dass die Erwachsenen ihnen das Tier wegnehmen und ihm vielleicht doch noch das Fell über die Ohren ziehen würden.

Allerdings hatten die Kinder wenig Freude mit dem Murmeltier, das so viele Namen hatte. Leider. Denn Caesar oder auch Moppel, Winnetou oder Madonna genannt, Marie, Muckelputzi, Kennedy, Schnuffel, Rosi, Rumpelstilzchen, Florian oder Hektor rührte sich nicht vom Fleck, und wenn die Kinder zuguckten, wollte es weder fressen noch spielen. Es lag nur wie tot im Vogelkäfig.

Erst dachten sich die Kinder, na klar, das arme Tier ist verängstigt und muss sich erst an uns gewöhnen – aber wie lange sollte das denn noch dauern? Es machte sogar den Eindruck, als wollte es nicht mal gerne gestreichelt werden. Da wurden die Kinder langsam ungeduldig mit dem Tier, und eines Tages machte Lasse den Vorschlag, das Murmeltier wieder laufen zu lassen.

»Der hat Heimweh«, meinte er, »wir müssen uns von Caesar trennen.« Er öffnete die Klappe vom Vogelkäfig und sagte noch mal im Namen aller Kinder: »Servus Murmeltier!«, und ließ es allein, damit es in Ruhe weglaufen konnte.

Doch als die Kinder wieder mal nachguckten, war das Tier nicht weggelaufen, sondern lag immer noch im Vogelkäfig.

»Siehste«, sagte Lea, »die hört nicht auf dich, die arme Madonna. Jetzt müssen wir sie durch den Winter bringen, hab ich gleich gewusst. Das haben wir nun davon.«

Und so blieb das Murmeltier da. Gelegentlich brachten die Kinder Wasser und vegetarisches Essen, und eines Tages bemerkten sie, dass ihr Murmeltier überhaupt nichts fraß und nur noch schlief.

»Winterschlaf«, sagte Lea, »hab ich gleich gewusst.«

»Quatsch«, sagte Lasse, »so was machen nur Faultiere.«

»Du bist vielleicht doof«, sagte Marie, – aber, na ja, egal, das Tier schlief jedenfalls.

Immer, wenn die Kinder angeschlichen kamen, vorsichtig die Matte lupften und nachguckten, schlief das Tier, schlief und schlief. So hatten die Kinder erst recht keine Freude mehr an dem Murmeltier mit den vielen Namen.

Einmal wurden sie noch an ihren heimlichen Gast erinnert, als sie aus der Garage ihre Schlitten holten. Inzwischen war Schnee gefallen. »Es schneit, es schneit!«, hatten da die Mädchen gerufen, und Lasse hatte nur gesagt »geschnitten ist es schon, jetzt fällt es bloß noch runter«, doch da stöhnten die Mädchen nur, sie fanden seine Bemerkungen saublöd, sowieso. So war das

immer. In den Straßen hing nun schon die erste Weihnachtsdekoration. Das kleine Murmeltier schlief immer noch eingerollt vor sich hin.

Die Kinder spielten im Schnee, bastelten Strohsterne, halfen der Mutter altes Geschenkpapier wieder aufzubügeln, damit man es weiter verwenden konnte; sie halfen den Weihnachtsbaum aufzustellen und dekorierten ihn mit Lametta und kleinen Glöckchen, die leise bimmelten, wenn man an den Zweigen zupfte.

So ging die Zeit dahin und keiner dachte mehr an das Murmeltier in der Garage.

Heiligabend! Lasse kriegte ein neues Briefmarkenalbum und einen Radiowecker mit Quarz-Analoguhr, den die Eltern bei Tchibo gekauft hatten; denn er kam ja nun bald zur Schule. Die Mädchen kriegten Stofftiere und Puppen – eine Puppe wurde gleich Marie getauft –, und damit verzogen sie sich ins Etagenbett und ließen Lasse nicht mitspielen: Erstens war Lasse langsam zu alt für Kuscheltiere – fanden die Mädchen –, zweitens war Lasse ein Junge und drittens sowieso doof. Also spielten Marie und Lea alleine mit den Puppen und den neuen Stofftieren.

Nicht lange, und da hatte sich Lasse das Murmeltier aus der Garage geholt und führte ihm Wunderkerzen vor. »Das ist meiner«, sagte er nur.

»Ihh, du bist fies«, schimpften die Mädchen, »du willst das Tier erschrecken. Außerdem hast du's geweckt, das darf man nicht.«

»Wieso nicht?«, fragte Lasse und streichelte das Murmeltier, »das ist meiner, ja.«

»Das darf man nicht«, sagte Marie, »weil: Das verstößt gegen das Tierschutzgesetz.«

»Du bist doof«, sagte Lasse nur.

»Du bist noch viel doofer«, motzte Marie, »und das Murmeltier auch.«

»Gar nicht wahr«, sagte Lasse, »du bist sowieso am dööfsten.«

»Das heißt nicht dööfsten, das heißt doofsten«, sagte Lea.

»Und du bist am allerdööfsten, sowieso« –

na ja, gerade als sie wieder streiten wollten, nahten die Eltern, und die Kinder versteckten schnell das Murmeltier unter dem Geschenkpapier. Die Eltern wollten noch zum Abendgottesdienst gehen, und die Kinder mussten versprechen alleine ins Bett zu gehen – »Klar, ich bin doch alt genug«, sagte Lasse –, und sie versprachen noch, sich auf jeden Fall die Zähne zu putzen. Und dann gingen die Alten endlich und die Kinder hatten ungestört das Murmeltier für sich alleine.

»Mensch, wie haste das überhaupt wachgekriegt?«, wollte Lea wissen.

»Radiowecker«, sagte Lasse.

Und nun versuchten sie mit dem Tier in der Wohnung zu spielen, boten ihm Spekulatius an und knackten Nüsse. Und da das Tier alles nicht so recht fressen wollte, holte Marie aus dem Kühlschrank ein großes Stück echten Schweizer Käse mit vielen Löchern und stellte es vor das Murmeltier.

»Nein, ich glaube, Käse ist nicht gut für ihn«, meinte Lasse, »davon kriegt der nur Heimweh.«

»Du spinnst wohl«, sagte Lea, »Käse ist doch vegetarisch.«

Aber Lasse meinte, dass vielleicht die vielen Löcher im Käse das arme Tier an die unterirdischen Gänge erinnern würden, an die Höhlen unter der Erde, wo jetzt die andern Murmeltiere Winterschlaf hielten. »Da muss der bestimmt dran denken, wenn er die Löcher sieht.«

»Quatsch! Die können überhaupt nicht denken«, erklärte Lea, »die denken nicht, die machen das mit dem Instinkt.«

»Stinkt, stinkt, stinkt«, sagte Marie und rüttelte an dem Weihnachtsbaum, dass es nur so bimmelte.

»Hör sofort auf damit!«, schimpfte Lasse, »das Murmeltier kann das nicht vertragen. Siehst ja, wie traurig der guckt.«

»Die gucken immer so«, sagte Marie, »die können nicht anders.«

»Woher willst du das denn wissen?«, rief Lasse, und schon wollten die Streitereien wieder anfangen, aber Lea meinte, dass man unterm Weihnachtsbaum nicht zanken dürfte, und Lasse fand auch, dass es nur einen schlechten Eindruck auf das Murmeltier mache.

Schließlich nahmen die Kinder ihren kleinen Gast mit ins Badezimmer, als sie – wie versprochen – ihre Zähne putzten, und Lasse stellte sich das Murmeltier im Vogelkäfig ans Fußende in sein Bett – nur für eine Nacht, weil ja Weihnachten war.

Am nächsten Morgen wollte er es wieder in die Garage zurückbringen.

Das tat er dann auch. Er wickelte es in einen warmen Puppenmantel, den Marie zur Verfügung stellte, und trug es im Vogelkäfig wieder raus; machte noch einen kleinen Spaziergang und zeigte den Weg vor, den er demnächst immer zur Schule gehen würde, und Lasse bedauerte sehr, dass er mit dem kleinen Tier nicht richtig sprechen konnte. Er zeigte auf die verschneiten Berge, wo gerade ein Skikurs für Anfänger stattfand, und sagte: »Da bring ich dich wieder hin, später, wenn der Schnee weg ist, mach dir man keine Sorgen, kleines Murmeltier, ich bring dich schon wieder heim.«

Das Murmeltier schlief noch den Winter über in der Garage, ohne dass die Eltern davon etwas bemerkten, und als es Frühling wurde, holte Lasse das Tier aus dem Käfig und trug es auf den Berg zurück, wie er schon angekündigt hatte, und setzte es oben in der freien Wildbahn wieder aus und rief noch hinterher:

»Servus Murmeltier, kannst jederzeit wiederkommen, wenn du willst.« Und da verschwand das Tier schon in einem Erdloch, weg war's.

War das vielleicht ein Hallo, als das kleine Murmeltier wieder zu den andern kam. Die konnten gar nicht glauben, dass es den Winter alleine überlebt hatte, und da herrschte vielleicht ein Jubel und eine Freude.

Und wir dachten schon, du bist tot, mümmelten die andern Murmeltiere und konnten ihre Freude kaum bändigen, wo warste bloß? Hast dich versteckt, oder?

Stellt euch vor, sagte Caesar-Moppel-Winnetou-Madonna-Marie-Muckeputzi-Kennedy-Schnuffel-Rosi-Rumpelstilzchen-Florian-Hektor, ich war bei den Menschen.

Echt? Nicht möglich, riefen da die andern Murmeltiere, bei den Menschen, na so was! Und? Wie ist es so bei denen?

Und da fing unser kleines Murmeltier an zu erzählen, und alle lauschten mit staunenden Mündern. Also, zuerst mal müsst ihr euch vorstellen, begann es, dass alle Berge und alle Bäume weiß sind, ganz weiß, kühl und wunderbar weiß . . .

Grün meinste wohl, unterbrachen die andern Murmeltiere, draußen ist alles wunderbar grün – na ja, vielleicht mal ein bisschen bräunlich, im Herbst . . .

Nein, weiß, müsst ihr mir glauben, weiß weiß, das ist ja so merkwürdig, alles wunderbar weiß, beteuerte das Murmeltier mit den vielen Namen, und da wunderten sich die andern doch ziemlich.

Und die Menschen, fuhr unser Murmeltier fort, haben verschiedene bunte Häute und sind etwas dicker und größer im Winter . . .

Na ja, meinte der Murmelbock, die Menschen sind sowieso ein bisschen dicker, und da mussten alle lachen. Aber wie war das mit den bunten Häuten?

Das hab ich nicht verstanden.

Ja, sagte Caesar, bunte Häute! Und das Merkwürdige ist, die haben auch noch sooo lange Füße, und damit huschen sie den weißen Berg runter, schneller, als ein Murmeltier laufen kann.

Moment, Moment, unterbrachen die andern, das kann nicht sein. Murmeltiere sind immer noch schneller als Menschen. Und überhaupt: Wo sollen die plötzlich sooo lange Füße herkriegen? Nee, nee, nee, das mit dem vielen Weiß überall kam mir auch schon gleich so merkwürdig vor, da stimmt was nicht . . .

Und dann erzählte das Murmeltier, wie es drinnen bei den Menschen in den Häusern so aussieht. Dass es da einen Kasten gibt, der Lieder singt und einen aus dem tiefen Schlaf wecken kann, und dabei summte das Murmeltier die Melodie von »I'm Dreaming of a White Christmas«, und die andern schüttelten alle dazu ihre Köpfe – Nie gehört, so was! Ist ja nicht schlecht, aber nie gehört so was . . ., das glaubte nun wirklich keiner mehr.

Auch als es erzählte, dass es in dem Haus einen Baum gesehen habe, der silbern und weiß glänzte und an dem so Glöckchen hingen wie an den Kühen – nur viel kleiner, die machten auch mehr so BIMMELDIBIMMELDIBIM und nicht so BOING BOING BOING . . ., da schüttelten die Murmeltiere nur noch die Köpfe.

Also, das geht zu weit, murrten sie, wer's glaubt, wird selig, oder? Du willst uns wohl 'nen Bären aufbinden.

Doch, doch, doch, so war das, beschwor unser Murmeltier, ich hab es mit eigenen Augen gesehen. Weiß, alles weiß, und eine wundersame Stimmung, sag ich euch. Und die kleinen Menschen tragen funkelnde Sterne in ihrer Hand, nur größer noch, schöner auch . . .

Die andern schüttelten die Köpfe. Du hast wohl geträumt. Das kannste doch keinem Murmeltier erzählen. Du hast ja nicht die geringste Ahnung von den Menschen. Die Tiere wunderten sich nur und fassten sich an den Kopf.

Doch, doch, doch, könnt ihr mir glauben, die Sterne verlöschen ja auch wieder. Und außerdem ist es so, dass die kleinen Menschen jeden Abend ein bisschen was von dem Weiß essen müssen . . .

So ein Quatsch, murmelte da der Murmelbock.

Aber unser kleiner Weltenbummler erzählte ihnen, dass er selber gesehen hatte, im Badezimmer, wie kleine Menschen so geheimnisvolles weißes Zeug aus Tuben rausgedrückt und in den Mund gesteckt hätten: Davon wachsen die kleinen Menschen, das muss ein Wundermittel sein, genau dasselbe, das die Berge so weiß macht, so wundersam weiß, und wahrscheinlich wachsen davon den Menschen auch diese langen Füße, auf denen sie die Berge runterflutschen. Die müssen sich jeden Abend von dem Wundermittel aus der Tube raus etwas zwischen die Schneidezähne reiben, hier an dieser Stelle, ganz genau hier, ich hab es doch selber gesehen, so machen die das . . . Und er erklärte es den Murmeltieren, aber die stöhnten nur: Ja ja, wer's glaubt.
Einfach unglaublich, schwärmte unser Murmeltier weiter, was in so 'ner Tube alles drinsteckt, das ganze Weiß. Alles wird weiß, wundersam weiß . . .
Ja ja, unglaublich, brummte der Murmelbock, unglaublich. Ich glaub es auch nicht.

Schließlich war unser Murmeltier müde von all der Aufregung, hatte ja auch im Winter zu wenig geschlafen, und musste sich erst mal hinlegen.
Die andern betonten noch mal, wie sehr sie sich freuten, dass es wohlbehalten zurückgekehrt sei, und wollten es erst mal in Ruhe ein bisschen Schlaf nachholen lassen. Na dann, Gute Nacht, Murmeltier, sagten sie.
Ich freu mich ja wirklich, dass der Kleine wieder da ist, sagte der Murmelbock, aber was der für einen Quatsch erzählt, das geht auf keine Kuhhaut, das hältste ja im Kopf nicht aus. Alles weiß, weiß, weiß und so 'ne wundersame Stimmung – also wirklich!
Ich mach mir ernsthaft Sorgen, sagte ein anderes Murmeltier, der kleine Spinner, der hat sie nicht mehr alle. Der hat einen Stein vor den Kopf gekriegt. Damit ist nicht zu spaßen, das kann leicht ins Auge gehen . . . na ja, wollen wir ihn erst mal schlafen lassen. Und da schlief das Murmeltier schon längst wieder, und . . .

. . . und das solltet ihr eigentlich auch. Schlafen. Dann schlaft mal schön. Gute Nacht!

Matz der Spatz

Mit einem Schlusswort des Raben

Also gut, eine noch, aber nur ganz kurz. Eine kleine Geschichte von einem kleinen Spatz. Und dann ist Schluss.

Sagt mal einen Satz mit Spatz! Na? Wer weiß einen?

> *Matz der Spatz*
> *war ein lieber, kleiner Schatz.*

Schöner Satz, stimmt aber nicht. Matz war nicht lieb. Der war ein frecher Vogel. Ein kleines Biest. Der konnte einfach seinen Schnabel nicht halten.

Na ja, die andern Vögel können auch oft ihren Schnabel nicht halten, und dann piepsen, zwitschern und tirilieren sie alle wie wild im Wald. Aber Matz war der Frechste. Immer piepste er dazwischen, wie ihm der Schnabel gewachsen war, und machte seine Spatzenverse:

> *Die Esel, die Esel,*
> *die schreiben nicht, noch lesel.*

Doch doch!

Ihr habt ganz richtig gehört, genauso:

> *Die Esel, die Esel,*
> *die schreiben nicht, noch lesel.*

So waren seine Spatzenverse, oder:

> *Die Wespen, die Wespen,*
> *die ganze Luft verpespen.*

Das war sogar sein Lieblingsvers. Den piepste er immer wieder und wieder in den Wald hinaus. Oder auch diesen hier:

> *Die Störche, die Störche,*
> *die hocken auf der Körche.*

Ja, Matz war sehr begeistert von seinen eigenen Versen und sagte sich stets: Ich bin zwar nur ein kleiner Spatz, in Wirklichkeit aber der größte Spaßvogel im Wald. Und Matz steckte sich dazu bunte Federn in sein Vogelkleid. Für jedes gute Gedicht eine schöne Feder. So machte er einen Vers nach dem andern:

> *Die Enten, die Enten,*
> *sind gar nicht zu verwenten!*

Ach wie toll! Ist das mal wieder ein gutes Gedicht, trällerte der kleine Spatz, wieder mal ein echtes Meisterwerk von Matz!

Aber aber, sagte der Rabe und schüttelte seinen rabenschwarzen Rabenkopf, das sind doch keine guten Verse, die reimen sich nicht richtig . . .

Wieso denn nicht?, piepste Matz dazwischen, natürlich reimen die sich richtig, goldrichtig. Das sind eben Spatzenverse, die reimen sich titanisch gut. Jetzt hör dir nur mal das an:

> *Die Tauben, die Tauben,*
> *sind dreckig und nicht sauben.*

Und wie sich das reimt. Einfach toll.

Aber aber, sagte der Rabe, es müsste eigentlich sauber heißen, sau-ber, -ber, -ber!

Nein, sauber geht nicht, piepste Matz, kommt gar nicht in Frage. Sauber reimt sich nicht richtig. Ihr Raben denkt immer, ihr müsst alles besser wissen, aber ich kann meine Verse auch alleine dichten, jawohl! Ich kann es sogar besser alleine!

> *Die Raben, die Raben,*
> *die haben krumme Schnaben!*

So. Da war der Rabe still.
Schweigen im Walde.

Die Tauben waren übrigens richtig sauer, weil sie als dreckig bezeichnet wurden. Die Enten auch. Die waren fürchterlich beleidigt und wollten immer wissen, was das überhaupt heißen soll: Die Enten, die Enten, sind gar nicht zu verwenten.

Wie ist denn das gemeint?, schnatterten sie, was soll das denn heißen? Oh, waren die Enten eingeschnappt.

Und die Wespen! Die erst! Die waren wütend. Stinkwütend. Allesamt.

Nur die Esel waren nicht beleidigt; die kümmerten sich überhaupt nicht um Spatzenverse.

Die Esel sind eben einfach zu blöd, piepste Matz, die sind so blöd, die verstehen nicht mal meine Gedichte.

Aber merkst du denn gar nicht, fragte nun die freundliche Taube, wie du mit deinen vorlauten Versen alle Tiere beleidigst?

Warum seid ihr denn auch immer gleich beleidigt?, schnippte Matz, versteh ich nicht, da gibt's doch keinen Grund, nicht den geringsten, hier zum Beispiel:

> Die Gänse, die Gänse,
> die haben keine Bränse.

Was ist denn daran beleidigend? Kann mir das mal einer erklären? Gänse haben keine Bremse. Das ist nun mal so. Oder findest du, dass die Gänse 'ne Bremse haben sollten? Dann sag's gleich . . .

Jedenfalls sind die Gänse sehr verärgert, sagte die Taube.

Na und? Kann ich auch nichts dafür, schniripte Matz, wenn die Gänse so blöd sind, dass sie immer gleich beleidigt sind! Die blöden Gänse aber auch! Piep, piep, piep . . . Moment . . . Moment . . . da fällt mir gerade was ein, ganz was Tolles diesmal:

> Die Hähne, die Hähne,
> die machen nur Problähne.

Ist doch super! Spitzenmäßig. Ist nämlich wirklich so. Mit den Hähnen hat man nur Probleme, oder habt ihr schon mal einen Hahn gesehen, auch nur einen, der keine Probleme gemacht hat? Ich könnte euch da Geschichten erzählen . . .

Aber, sagte die Taube, nun sind die Hähne auch sauer. Und Matz piepste drauflos:

Ist mir doch egal, da kann ich als Dichter auch keine Rücksicht drauf nehmen.

Na, na, na, sagte da die Eule ganz ruhig, nun mal langsam, junger Spatz, ein Dichter bist du ja nun gerade nicht.

Wieso denn nicht?, piepste Matz, ich bin der beste Dichter im Wald und auf der Heide, piep, piep, piep. Meine Verse sind einfach erste Sahne, so ist es doch:

> *Die Kröten, die Kröten,*
> *die tröten wie Trompöten!*

Also bitte, wenn das nichts ist!

Na na, sagte die Eule, na na, warum kannst du kleiner Spatz nicht einfach singen wie die andern Vögel auch? Schöne Lieder? Musst du denn immer nur spitze Bemerkungen machen?

Pa!, piepste Matz, zum Singen, zum Singen, da kann mich keiner zwingen . . . Huch, hätte sich jetzt beinah gereimt. Na ja, so geht das bei mir, ich bin eben der geborene Dichter und mache meine Verse mit spitzer Feder. Und wenn die Eulen keinen Spaß verstehen, weil sie Trauerklöße sind, ist mir das doch egal, schnurpel-schnurpel-piep-egal. Die Tauben sind ja bloß eingeschnappt, das merkt man denen doch an der dreckigen Schnabelspitze an, die sind einfach nur eingeschnappt, nichts weiter, und nur deshalb meckern sie an meinen Versen rum. Jawohl, piep! Und wenn nämlich ihr Gefiederviecher alle zusammen, alle durch den Busch, keine Ahnung habt von Gedichten, dann, ja dann, bitte schön, dann solltet ihr nämlich den Schnabel halten, alle! So!

> *Die Eulen, die Eulen,*
> *die heulen auf den Beulen.*

Da war die Eule still.

Aber der Rabe sprach:

Na ja, vielleicht hat die Eule doch nicht so ganz Unrecht. Ich möchte da nämlich noch mal auf diese Angelegenheit mit den krummen Schnäbeln zurückkommen. Es ist nun mal so, dass die Raben einfach keine krummen Schnäbel haben, das sind schlichte Tatsachen, und wir wollen uns doch, bitte schön, an die Tatsachen halten. Raben haben nun mal keine krummen Schnäbel, gerade etwa im Vergleich zum Geier, und ich möchte sehr bezweifeln, dass dieser junge Spatz, der sich Dichter nennt und der sich übrigens mit fremden Federn schmückt, dass dieses Spatzenhirn, dass dieser Spatz schon jemals in seinem Leben einen echten Geier gesehen hat. Und da sehe ich dann nicht ein, warum solche Verse, die nachweislich nicht stimmen – nachweislich! –, warum solche Verse überhaupt in die Welt gesetzt werden dürfen . . .

Ja, das verstehst du nicht, schnippte Matz dazwischen, weil du nämlich überhaupt nichts von Gedichten verstehst, du alter rabenschwarzer Besserwisser. Aber ich! Ich versteh was davon. Ich mache nämlich selber Gedichte und mecker nicht nur an Versen rum, die sich andere mit viel Mühe ausgedacht haben. Für jedes gute Gedicht, weißt du, suche ich mir eine schöne Feder aus, das habe ich ja wohl so verdient.

Und jetzt hör dir das mal an:

> Die Frösche, die Frösche,
> die hopsen durch die Bösche.

Also? Hm? Was sagst du dazu? Ist doch gut.

Ach, ich weiß nicht, sagte nun die Meise, irgendwas stimmt bei den Versen doch nicht. Die reimen sich nicht richtig.

Was, piepste Matz schrill dazwischen, was?! Die reimen sich nicht richtig? Wie bitte? Du hast wohl 'ne Meise, du Meise, du, 'ne Vollmeise. Und wie sich das reimt: Frösche, Bösche, Frösche, Bösche, Frösche, Bösche, Frösche, Bösche, Frösche, Bösche, Frösche, Bösche . . . und wie sich das reimt. Das würde sogar der dumme Esel merken.

Ja, dann weiß ich auch nicht, zwitscherte die Meise jetzt schon ganz leise, dann muss es was anderes sein, was an den Versen nicht stimmt, jedenfalls nicht so ganz.

Also, wenn du es nicht so genau weißt, dann halte doch lieber deinen Schnabel und zwitscher nicht so vorlaut dazwischen, ja! Piep, piep, piep, machte Matz, Moment, ich werde gleich mal was über die Meisen dichten, Moment, da fällt mir gleich was ein, die Meisen, die Meisen . . . Augenblick noch, die Meisen . . .

Und während Matz noch überlegte, redete der Rabe laut und deutlich in die Stille:

Die Spatzen, die Spatzen,
alles verpatzen!

Da ging ein Gezwitscher und Geschnatter los, dass man sich fragen musste: Nanu, was ist denn das? Das hatte der Wald noch nicht gehört. So begeistert war die Vogelwelt noch nie. Da gab es ein Tiri und Tara, Piep, Piep und Hurra, alles, was keuchte und fleuchte, piepste und tirilierte wild durcheinander:

Hihi, die Spatzen, die Spatzen, alles verpatzen, hi, hi. Das ist der beste Spruch, den man je gehört hat, gurrten die Tauben, Klasse, prima. Wahnsinn, der beste Spruch des Tages, äh, der Woche, bester Spruch des Monats!

Die Enten schnatterten.

Die Meisen stimmten ein fröhliches Lied an.

Alle waren hingerissen – nur Matz nicht.

Verpatzen? Wieso?, schnierpte er ganz leise, was soll das überhaupt für 'n Wort sein? Verpatzen? Und wieso denn: Alles verpatzen? Da weiß man ja gar nicht, was damit gemeint ist. Ist doch kein gutes Gedicht, so was . . .

Doch doch, piepsten alle drauflos, tolles Gedicht, echt super, muss ich mir unbedingt merken. Das ist der Spruch des Jahres.

Ja? Äh? Und meine Verse . . ., wollte Matz noch sagen, doch alle übertönten ihn, piepsten, sangen, tirilierten und zwitscherten.

Dann sag ich eben gar nichts mehr, piepte Matz noch, aber auch das ging im allgemeinen Freudengeträller unter. Ich werde schweigen, piepste er, wie das Denkmal eines großen Dichters, in Stein gehauen und stumm!

Und so war es dann auch. Matz sagte gar nichts mehr. Keine Spatzenverse mehr, nichts. Keinen Pieps.
Und damit hat die Geschichte ein Ende.

Doch! Schluss. Ende aus. Es gibt keine Spatzenverse mehr. Der kleine Piep-matz hat keine mehr gemacht.
Und damit ist Schluss.
Doch.
So ist das nun mal mit den Raben:

> *Die Raben, die Raben,*
> *müssen immer das letzte Wort . . .*

. . . Na? . . . haben!
Genau! Haben!
Und jetzt ist wirklich Schluss. Der Rabe hat gesagt: Die Spatzen, die Spatzen, alles verpatzen – das war das letzte Wort. Und nun ab in die Matratzen!
Nein.
Schluss.

Nichts mehr.

Kleines Rätsel

*I*n diesen Geschichten von kleinen Tieren kommen auch große Tiere vor. Die beiden Störche reiten auf einem Kamel, zum Beispiel, die beiden Piloten beschimpfen sich als Rindviecher; und ganz zum Schluss, bei Matz dem Spatz, ist von Eseln die Rede, die bekanntlich weder schreiben noch lesen können – das ist klar.

Es kommen jede Menge Tiere vor: Pferd, Kuh, Rhinozeros, Pelikan – jede Menge.

Manche Tiere haben sich auch versteckt.

Sogar gut versteckt.

Habt ihr sie trotzdem entdeckt?

Das ist die Frage.

Wo stecken sie? Die großen Tiere? Wo?

Elefant?
Bär?
Affe?
Hirsch?
Löwe?
Tiger?

Wer nichts weiß, muss alles noch mal lesen . . .

Wer alles weiß, ohne zu mogeln, dem glaube ich kein Wort. Es ist nämlich gar nicht so einfach. Wo sind die Tiere versteckt?

Auf der nächsten Seite steht die Auflösung, die man mit einem Spiegel lesen kann. (Aber nicht so viel selber reingucken und erst überlegen!)

Also, wo stecken die großen Tiere?

Auflösung

Elefant

Bei Erwin. Der hat nämlich eine Marke, auf der ein Teil von einem Elefanten zu sehen ist. Immerhin.

Bär

Bei den Waschbären sind jede Menge Bären – das gilt er nicht! Der Rätselbär ist bei den Murmeltieren – wo sonst? Die Tiere, die im Bau geblieben sind, glauben doch nichts und murren: Du willst uns wohl 'nen Bären aufbinden. Da ist der Bär.

Affe

Bei den Hasen, den Hasen von der rechten Seite: Die machen sich doch zum Affen – meinen jedenfalls die Hasen von links.

Hirsch

Wieder bei den Eichhörnchen, besser gesagt, beim Supermarkt KOKAU. Da hieß doch der Abteilungsleiter für Lebensmittel und Süßwaren: Herr Müller-Hirsch!

Löwe

Bei den Heidschnucken. Getarnt. Beim Manöver der Soldaten, die sich mit geheimen Kennworten verständigen: Heiderose an Löwenzahn, ich wiederhole: Löwenzahn, genau LÖWEnzahn.

Tiger

Der ist gemein. Bei den Mäusen. Da heißt es doch immer, dass eine Maus mutiger ist als die andere, mu-Tiger und in dem Wort mu-TIGER da steckt der Tiger. Ganz schön gemein.

Echt gemein. Wenn das nämlich so ist, dann kann man auch sagen, dass bei dem armen Köter ganz viel versteckt ist. Da heißt es doch, dass er nicht nur im Traum bellt, sondern auch in der Wirklichkeit, und in der WIRklichkeit sind WIR alle versteckt. Und wenn bei den Flugübungen von Hubert, dem Heldenhaften, die Hühner bloß kichern, dann bin ich in dem kICHern.

Ach so,

das wollte ich noch erzählen: Neulich habe ich eine Freundin getroffen, und die hatte eine Anstecknadel mit einem kleinen Igel drauf, und sie sagte mir, dass das doch jetzt alle hätten, und überhaupt seien Igel zurzeit ja auch auf allen möglichen Plakaten und auf Briefpapier, tja.

Dann habe ich sogar neulich mal zufällig den Sportteil in der Zeitung gelesen – normalerweise lese ich den nicht –, und da stand, dass die Bundesliga, Oberliga, sich für die neue Saison zwei Spieler aus Simbabwe gekauft habe . . . da kann mal mal sehen.

Und dann wollte ich doch noch erzählen, was eigentlich aus Köter geworden ist. Dem erging es nämlich schlecht im Tierheim. Die andern Hunde, die schon da waren, haben ihn so angeknurrt und angebellt, dass sich Köter nur verschüchtert in die Ecke gekauert hat. Die Leute vom Tierheim konnten nur noch den Kopf schütteln, so einen kümmerlichen Hund hatten sie noch nie gehabt. Und als die erste Familie vorbeikam, um mal zu sehen, was so an Hunden da war, na, da haben die Leute gleich vom Leder gezogen, sie hätten da einen brandneuen Hund reingekriegt, total pflegeleicht und so (. . . die wollten ihn natürlich loswerden), und die Familie hat sich tatsächlich beschwatzen lassen und hat Köter aufgenommen. Für Köter war das nur gut. Bei der Familie hat er sich richtig wohl gefühlt. Richtig gut.

Und will einer wissen, was die Heidschnucken inzwischen machen? Also, ehrlich gesagt, ich will es selber gar nicht wissen. Ich will es einfach nicht wissen.

Aber wisst ihr schon, was neulich im Wald passiert ist? Da kam doch der Rabe zu Matz und drückste so rum, dass diese Verse doch teilweise ganz gut gewesen seien, mal abgesehen von zwei oder drei missglückten Versen, seien sie zum Teil richtig gut gewesen, und er, der Rabe, habe da noch mal drüber nachgedacht, weil er sich doch eigentlich auch für Gedichte interessiert und auch gerne selber welche machen möchte, und da hätte er sich gedacht, dass es doch schade wäre, wenn die Verse von Matz nun so ganz in Vergessenheit geraten würden, nicht wahr? Und er habe auch schon versucht sich an die Gedichte zu erinnern, aber das sei ihm leider nicht so ganz gelungen, er würde die nicht mehr so richtig hinkriegen. Die Frösche, die Frösche, die hopsen durch das Gebüsch hindurch . . . so ähnlich jedenfalls . . . oder: Die Frösche, die Frösche, die hopsen durch den Busch, den frischen . . . Aber Matz der Spatz sagte natürlich nichts mehr, dachte sich nur im Stillen: Typisch Rabe, erst meckern, dann aber, wenn er mal was selber machen will . . . na ja.

Das wollte ich noch sagen.